打造被動收入最重要的事

蕾咪帶你用錢賺錢，翻身致富

蕾咪 Rami——著

好評推薦

從幾年前認識蕾咪時，她的其中一個財富心態深深擊中我 —— 賺錢可以是輕鬆的，太努力反而賺不了大錢。要懂得策略性運用資產，用錢賺錢才能越做越輕鬆。

在我眼中，蕾咪不只是成功的事業家，更是專業投資人，把她 360 度全方位能夠增加財富收入的策略，都收錄在這本書裡，分享給大家。有基礎投資觀念的人更能看到箇中精華，可說是現在的小資族想從頭建立財商觀念和實作方法最具啟發性的一本書，不只可以學到財務規劃觀念，還有表格計算與入門做法，精華都在這本書裡，真心推薦給大家。

—— 艾琳（自媒體大學共同創辦人）

認識蕾咪是因為上她的自媒體工作坊，這是第一次見到她本人，親切又傻大姐的可愛個性，跟我看到她第一本書封面對她留下的印象很不一樣。

後來，我因為開公司請她做財務顧問，短短一個小時的時間，她就解決了我好幾年問了很多專業人士都沒辦法「全面性」解決的疑惑。

過去我接觸的專業人士，只懂「部分領域」，但如果今天自己身為老闆，光是在東湊西湊片段資訊造成的時間損失，或顧彼失己的落差資訊，就浪費大把金錢，動輒幾十萬到百萬起跳，有苦說不出，因為他們自己真的只懂自己的領域。

而如果讓我來定義蕾咪，則是「財務與自媒體的通才」專家！

從平凡上班族到資本家的過程，她全部經歷過，所以更明白理財小白要翻身的痛點與盲點，用簡單的方式表達並讓我融會貫通，這點在目前市面上的財務顧問身上極為罕見，也因此我很期待她的新作，能夠幫助讓更多想從月薪3萬的上班族，奔向月薪百萬的自由工作者，在這條路上減少許多磕磕絆絆。我相信讀者如能認真閱讀，光是省下可能損失的金錢，至少就是百萬起跳，我自己就是因為過去不懂財務，花錢問錯人過，造成超過百萬的損失。

蕾咪一直是我心中凡人變創業家的典範，而且擁有多元的被動收入，我相信這本書絕對是接下來的世代裡的每一個人不可或缺的必修課程！

—— 林品希（高價值女神養成班創辦人）

多年前在一場尾牙活動認識了蕾咪,當時我們都在籌備不同的書籍,也見證了她不同身分的轉變,可以旅遊、可以投資、可以賺錢,還可以拍影片當 YouTuber,在她身上我看見了好多希望,我們總可以把「不可能變可能」!

疫情來了,不能旅遊,就去拍片吧!工作少了,不能到處賺錢,那就投資吧!我學會了好多投資方法,也從蕾咪的影片中學會買股票、下單,自從認識蕾咪以來,一直都很佩服她小小的腦袋裡居然裝得下這麼多有幫助又實用的資訊。

相信在這一本書裡,可以教會你如何打造富腦袋,學習更多賺錢方法並投資自己,因為我相信:「我們不能選擇在什麼樣的環境下長大,但可以變成自己想要變成的人!」

—— 關韶文(主持人 / YouTuber)

跟蕾咪認識多年,在各自的領域發展,我是近期才開始讀懂彼此知識專業上的語言。每次跟她深談,都能扭轉自己多年來對於財務的原生框架,真實理解多領域的理財概念是公司創業過程中,經營規劃必備的知識。

分享給大家,希望不要跟我走一樣的冤枉路!

—— 蕭仁瑋(UNME DESIGN 創辦人)

　　蕾咪不只是分享財務觀念的 YouTuber，也是樂於助人的顧問和經營者，因為她對於財務管理的熱誠與資深經驗，幫助了無數的人擺脫財務困難，也因為她對我們公司的營運和財務提出真誠的分享與建議，成功協助我們提升效率、降低成本、加速擴張，真心推薦蕾咪用心寫出的這本書！

　　── Candace（連續創業家、毛小愛 Fluv 執行長）

　　給乾貨從不手軟的蕾咪，這次又出狠招了。跟蕾咪相處，聊未來的夢想藍圖，她總是苦惱著小小聲地說：如何才能夠幫助更多人翻身致富？讓每個人都能打理好自己的財務，人生規劃中不再為了錢煩惱而不快樂呢？

　　本書的內容與故事真實貼近我們的生活處境，一個一個見招拆招，為我們擋下未來或是現在所面對的金錢戰爭中的槍林彈雨，希望大家學習之後能夠融會貫通，在未來的幾年內能夠大大改變命運！

　　── ECHO 李昶俊（知名藝人、Beatbox 創作歌手）

CONTENTS

CONTENTS

CONTENTS

第二部
找到專屬自己的投資策略——
打造美股與房地產被動收入完全解析

CONTENTS

第三部
建立你的財富心態

前 言

打造被動收入的起心動念：
我的真實人生故事

我只是個普通人，並沒有太多龐大的資產管理經驗，但也正因為我很普通，希望能分享自己粗淺的經驗，如何利用有限資源，實現自由的生活，並累積破億資產。

留不住的第一桶金

大學畢業後，我的第一份工作，月薪在 2 萬到 3 萬之間，同時背有 36 萬左右的助學貸款。後來我透過邊工作、邊讀書的方式，轉換到外商科技業，也讓月薪提升至 10 萬元。同時在下班後開始學習投資，幫助自己每月額外加薪 1 萬元，助學貸款也減少至每月還款 3,000 元左右的程度。即使月入 10 萬以上，我將自己每月的開銷控制在 2 萬左右，其中 1 萬元是房租，來加速學貸還款速度。就這樣省吃儉用，

終於在一年內存下了我人生的第一桶金，存款與股票資產終於突破100萬元！

存到人生第一桶金以後，我以為幸福快樂的日子就要開始，再也不需要辛苦省吃儉用，結果家中傳來噩耗 —— 從小最疼愛我的奶奶癌症末期，只剩下不到三個月的壽命。

當時的我，看著戶頭的存款卻無能為力，一點忙也幫不上，甚至連治療癌症的醫藥費也沒有能力全額負擔；因為我只是普通上班族，即使請完所有的假去醫院陪伴奶奶，仍然覺得時間不夠用。當時的我，看見在病床旁的爸爸也是滿頭白髮，才意識到父親也在快速老去。我每半年只能返回臺東老家一次，認真算起來，我與父母相見的日子，也只剩下幾十次了。

我想要趕快真正的長大，可以有能力照顧家人，不必擔心金錢與時間，想回臺東就回臺東，想帶家人去哪裡就去走走，不必擔心自己沒有錢。

一時衝動，便跟公司提出了辭呈，我太渴望擁有自由的生活，可以想陪伴家人就陪伴家人。那年我剛滿25歲，距離初次離家求學工作的15歲，已經過了十年，而這十年來，我能夠回家的次數也不過二十多次。

衝動離職後，突然覺得自己一無所有：失去了摯愛的親人、和多年遠距戀愛的男友分手、辭掉百萬年薪的工作，生活頓失重心，不知道人生的下一步該往哪裡走？只有一

個單純的渴望：我希望能夠找到不論身處在哪，都能賺到錢的工作，於是開始踏上打造被動收入的旅程。

我要的時間與自由

一開始天真的我，只要是跟被動收入有關的方法都去了解，像是各種直銷保險與投資機會等，當然其中不乏一些陷阱，同時也白白花掉許多錢，一點一滴坐吃山空，燒光我的百萬存款。帳上幾十萬的學貸，以及近半年沒有收入的戶頭，讓我深刻體會到貧窮的痛苦，就像走在一條很黑暗、很深邃的隧道裡，看不見出口，也看不見陽光，只能摸黑往前走，不確定哪一天可以走到盡頭。

明明我只要願意回到職場，就可以立刻擁有百萬年薪，但是我心裡很清楚，再好聽的頭銜、再高的收入、再有名的公司，都換不回能夠陪伴家人的時間與自由。

我自己本來就喜歡以文字記錄心情，在知名部落客友人的邀請下，得到了一次體驗咖啡廳的撰稿機會，並且得到人生第一份自由接案的收入 2,000 元。當時的我欣喜若狂，沒想到自己除了當工程師以外也能賺到錢，重點是旅遊美食本就是我非常喜歡的生活體驗，同時也有工作地點的自由，只要擁有一臺電腦，就能完成工作任務。

後來，在一場部落客朋友跨年聚會中得知，有位知名部落客朋友的報價單篇就超過2萬元，幾篇文章就能夠超過一個上班族的薪水！這件事對我造成很大的震撼，於是我起心動念，給自己一年的時間在自媒體領域努力，希望透過個人興趣賺錢，並且賺得非工資收入。

當然，現實並不美好。

第一個半年，我的收入是0元，每個月看著房租與學貸支出，存款逐漸歸零，面對家人與同儕的質疑，內心其實非常痛苦，也一度懷疑自己的選擇到底正不正確，是否要繼續堅持或掙扎下去。幸好，當時記得我爸說過的一句話：**「真正厲害的商人，不是從一個人身上賺到100萬元，而是從100萬人身上賺到1塊錢」**因此，即使我看著當時流量收入只有1到2元美金，我也可以想像著，有一天當人數變多的時候，也許只要有1,000人，我就能夠開始養活自己。

到了第二個半年，開始有些微薄的收入，從每個月2,000元、4,000元、8,000元、16,000元，看著收入翻倍成長，直到超過3萬元，我終於可以不用再擔心自己的生活費了！雖然一整年的收入比我過去上班一個月的收入還低，但是所創造的成就感與時間自由，是金錢無法換來的，而我很清楚這就是我想要的。

透過非工資收入重新賺到一桶金

然而，我仍舊無法得到家人的肯定。

家人總是擔心我沒有錢吃飯，甚至也會質疑我，如果要選擇這一行，當初為什麼要讀這麼多書學習電子工程專業，放棄了外商科技公司的百萬年薪。

於是我問媽媽：「等我賺到多少錢，妳才不會再擔心我？」家人的肯定對我來說很重要，我媽說：「至少每個月5萬元吧！或更高一點，超過上班時期的薪水。」當然，這樣比較有點不公平，畢竟當年我是拿每天的時間與自由來換取高薪。

後來，我順利賺取超過每個月10萬的非工資收入，也終於找回了對自己的肯定，因為就連我自己也經常懷疑當初辭職不當上班族的決定。

談論金錢一向都很俗氣，但偏偏這是社會上所有人認可你夠不夠成功的依據。只要賺得夠多錢，就能讓質疑你的聲音都閉嘴，保護你的靈魂與夢想，堅持你想要做的事。

這一次，我透過非工資收入重新累積到一桶金，意義截然不同。這讓我擁有更多選擇的自由，讓我感受到前所未有的安全感與對生活的掌控力。於是，我開始了旅居歐美的生活，只要想出國，隨時買張機票就出發，到日本、曼谷、巴黎、倫敦、威尼斯、紐約、邁阿密等，一去就是一、兩個月

以上；想要學習新的才藝，不必擔心上班時間，可以選擇日間班，全心全意投入三個月到半年，學習品酒、服裝設計、國際貿易等；想回家陪家人就立刻買張飛往臺東的機票，一回去就是兩、三週，準備幾萬元在身上，想請家人吃飯，也不必擔心菜單價格，想買禮物給家人，也不太擔心預算不夠。這樣的安全感是我過去在薪資收入10萬時完全沒有過的，因為原本的我一旦停止工作，收入就會減少，而不是旅行一趟回來，戶頭又多了幾十萬元。

享樂的日子讓我非常快活，但是小退休兩年後，我開始感到無聊與迷惘，覺得自己有些渾渾噩噩，不知道人生意義在哪，不知道自己存在的價值。身邊同齡的親朋好友也還在職場努力奮鬥，慢慢地似乎與人群變得更疏離，我開始有了輕度憂鬱傾向。

人生缺乏目標，加上賺取非工資收入相對輕鬆，我漸漸養成了奢侈消費的習慣。年薪120萬時，我可以存下100萬元，可是在年收提升到360萬時，我居然存不到100萬元！

我開始意識到金錢觀的轉變，同時也產生危機意識。如果我在這麼年輕時就養成奢侈的習慣，沒有為自己累積資產，那麼在年老失去工作競爭力後，又該如何面對？

在衝動之下，我花了110萬買了間預售屋強迫自己儲蓄，看著戶頭清零與每年要繳交30到40萬的工程款，我開始認真面對財務管理狀況。

發出人生的第一筆薪水

後來，我在國際貿易協會國企特訓班上了為期半年的全修課程，像上班族一樣朝九晚六，每天都有自己的目標要完成。看著自己與同學慢慢進步，並且創造出很多美好回憶，我才意識到財務自由不代表不工作，而是擁有自由選擇喜歡的工作。身為工作狂的我，工作使我快樂，我沒有道理要因為世俗眼光而放棄工作帶來的樂趣。

半年之後，我跟著課程安排參與了企業媒合面試，錄取不少工作機會，但是在做決定之際，我發現換算成接案的時間價值後，我回不去了。因為思維轉變，我再也沒辦法做著打卡上下班並只領固定薪資的工作，即使那份薪資在別人眼中並不低。

於是，我決定成立自己的公司，開始依照我的想像打造事業。出乎意料的，每個人都說創業是件冒險的事，我卻感受到前所未有的安全感，就好像創業是我天生就該做的事一樣。

當我發出人生第一份薪水時，發自內心感到開心，覺得自己是有能力給予的人。當我的月收入在 30 萬時，成長 10 ％變成 33 萬元，我沒什麼感覺；不過，當我知道這 10 ％的 3 萬元可以多照顧一個人的生活時，我突然覺得這筆錢變得很有價值，同時也開始感到內心踏實。

仗著每個月穩定的流量收入，我並沒有承受一般創業家需要擔心資金軋不過來的壓力，加上過去接案累積的客戶，不知不覺公司也有穩定案源，從此就過著幸福快樂的生活……才怪！開始創業以後，新的挑戰才剛開始，要學習各種公司制度建立、稅法、人事管理、商業談判，許多當初意想不到的問題一一浮現，而我被迫必須讓自己成長。

隨著客戶與員工越來越多，我開始感受到前所未有的壓力，甚至一度想逃離並結束公司，讓自己恢復自由身，想出國旅行就出國。然而，因為責任感使然，我做不到，也讓自己卡在不上不下的痛苦當中，直到我閱讀了《順流致富》。書中提到人們總共有四種天賦類型與各種財富燈塔等級；我一直活在自己的天賦當中，所以過得很快樂，但是，我的財富燈塔等級已經從自由接案者變成創業家，而我的心態卻始終停留在自由工作者，導致我無法忍受身為創業家需要擔負的管理責任與失去行動的自由，學會「與團隊同在」是我在這個階段的功課。

當我意識到自己內心的渴望後，我掙扎著，考慮是否讓財富燈塔往下一級，做回接案者，換回旅行的自由，或是停留原地，失去說走就走的自由，但是，擁有一個堅實的團隊。在理解財富燈塔之後，我才意識到原來自己還有第三個選擇，就是成為「資本家」，成為分配資源的人，擁

有多個團隊與管理者，就能讓我同時擁有事業成長與生活自由。

在一次商業交流中，當時的我還有些抑鬱，覺得自己責任重大，總是想著「養了 10 幾 20 個人的團隊，一定要堅持下去」，因緣際會之下，一位創業多年的前輩對我說：「妳這樣下去，總有一天會承受不了這些壓力。何不想想：『我怎麼這麼幸福啊！居然有 10 幾 20 個人在養我』。」一個小小轉念，讓我如釋重負。

路不轉我轉

從歐美旅遊部落客起家的我，擁有非常多旅遊業資源，也想趁此做個轉型，嘗試與旅遊工會結盟，創造新的旅遊電商，改變舊有產業的行銷模式。新事業聯盟開始不久，卻爆發了全球疫情，從 2020 年 3 月的北海道、4 月的埃及、5 月的南極、6 月的馬丘比丘……一路取消整年度的旅行計畫。看著旅遊部落格的收入每月腰斬，從 1 萬美金、3,000 美金、500 美金直到歸零，徹底改變了我的生活型態與事業重心。

計畫趕不上變化，那又怎麼樣呢？

事業波折並沒有為我帶來太久的低潮，山不轉路轉，路不轉人轉，剛好我的心裡一直有個小小的聲音，希望可

以有系統地分享投資理財的知識內容，但是我太熱愛旅行了，所以大部分的時間與資金都放在探索世界上面，正好趁此機會休息一下，把夢想清單裡其他能做的事情做一做吧！

當時的我這樣想著，以為疫情半年就會過去，結果，疫情比我們想像的持續更久。我的 YouTube 頻道從不到 1 萬人變成 30 萬人，期間甚至花了半年編寫延誤多年的第一本書，並在喜馬拉雅國際版上架了自己的有聲書，讓影響力擴及整個國際華人圈，成為該年度博客來百大暢銷書作家。我完成了長久以來的夢想，同時也轉型成為投資理財界的關鍵意見領袖。

回到二十年前，我可能還是一個在臺東山上長大的女孩，甚至連考上好大學都只是奢侈的夢想，下課後要回家幫忙做家事與農事，讀書是我人生唯一翻身的機會。閱讀是改變視野的寶庫，在過去我們透過閱讀故事改變思想，終有一天，我們將成為改變他人思想的故事。

關於本書：擁有被動收入才正要開始

走在財富自由的路上多年，我深刻體悟到，想讓人生翻身致富，比起學習更多的知識方法，更需要調整的往往是自己的心靈狀態。因為**一個人的財富狀態就是心靈狀態的**

呈現，阻止自己成功的不是外在環境，而是內心深處存在已久的心魔、恐懼、自我否定與限制性信念。

以上種種會在我們耗盡一切地拚命努力、快要成功時，又把我們拉回原地、打回原形，於是一次又一次反覆循環，直到不再相信自己有辦法打破現況，無法創造理想的生活。這些挫敗感可能會蔓延至生活各方面，包含金錢、人際關係與健康。

相較於我在前作《小資族下班後翻倍賺》中，僅簡單提到價值觀釐清與財務目標動機的重要性，在這本新書裡，將會探討更多追求財富的過程中可能會經歷的挫敗感與思維陷阱，希望讓大家在接下來創造財富的旅途中，走得更加順遂。

我的第一本書《小資族下班後翻倍賺》，比較是給予初次踏入投資理財領域新手的入門磚，認識金錢本質、釐清目標背後的價值觀、了解專業累積的價值、認識各種投資工具與其可能性。對於還沒存到人生第一桶金的人而言，可以透過這本入門書，逐漸達到百萬年收目標，存到人生的第一個百萬、第二個百萬，甚至千萬。

這本新書則是更進一步的探討，擁有百萬年薪的我們，失去了時間自由，不見得會感到幸福，因為**擁有了百萬財富後，資產管理的功課才正要開始**。傳說中的被動收入真有這麼神奇？到底該如何打造與維持？資產規模開始增值

以後，我們看待事物的格局與視野也會隨之不同；同時，需要承受的責任壓力與現實挫敗，可能也與最初只需要管理好個人工作任務完全不同。

重點在於**人生目標應該優先於財務目標**。

為什麼許多人的財務目標無法真的實現？為什麼有的人賺錢天賦像游泳高手一樣如魚得水，有的人卻像溺水般垂死掙扎？為什麼有的人只是做自己喜歡的事，卻能資產增值無上限，有的人即使委屈求全、盡一切努力，財務數字依舊不高卻辛苦萬分？這本新書將一一為大家解惑。找到專屬自己的投資策略、如何管理多個資產、如何以小搏大，放大投資報酬、學習打造被動收入，了解資產管理收入的三種階段。

第一本書的初稿不小心寫了 15 萬字！當時我一心想把普通上班族逐步走向財富自由的每個步驟清楚分享給大家，卻發現自己太過貪心了，於是第一本書初稿砍掉了 6 萬字被動收入相關內容，想讓大家先設法把主動收入提升至六位數。這本新書會接著分享更多打造資產與被動收入的致富思維，以及在人生追求財富的道路上，遇到環境變化與事業挫敗時，該如何調整心境，當資產累積破千萬以後，又該如何有效的管理與配置，本書會一一帶領大家！

以上是我人生至此的小小經歷，每一個階段的跌跌撞

撞，促使我大量學習嘗試，並且累積了許多人生經驗。希
望透過我的人生故事與思維轉換經驗，能為你們的人生帶
來啓發，期待有一天能看見你們也寫下自己的故事，把愛
傳下去。現在我們開始吧！

第一部
打造全自動印鈔機

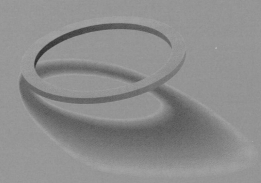

1-1

打造被動收入：
如何擴大你的非工資收入

有個小村莊沒有水源，所以居民常常要跑到三公里遠的河流提水回來。有兩個工人他們每天的工作，就是去河流提兩桶水回來賣給居民，這兩個工人每天的產值都是兩桶水，藉由賣水來賺取工資。

其中一個工人想著：「我想賺更多的錢，我身體這麼強壯，那我要去提更多的水！」於是他白天提了兩桶水，晚上又去提兩桶水。他的收入翻倍了，每天拚命加班，讓自己多賺取一倍的收入。

另一個工人選擇白天一樣提兩桶水，但是，晚上他開始打造水管。隨著一年、兩年、三年的時間過去，那位身強體壯的工人因爲長期加班與勞累，身體出了狀況，生產力逐漸下降，累出一身病痛；相反的，另一個工人一樣維持每天兩桶水的生產力，而他的水管也建造完成了，水管

從河流接到整個村莊，從此之後所有居民用水都必須付他錢，而第一個工人也就此失業了。

以上《提水桶與接水管》的故事中，上班族每天花時間上班賺取的主動收入，就像是每天拚命拿著水桶去提水的過程，短期內的確可以賺到更多錢、更多加班費，但是長期而言，你的身體不見得負荷得了，而且總有變老的一天。

被動收入就像是打造水管的過程，最初可能一毛錢都沒有。初期收入非常微薄，你要先努力累積一段時間後，才可能會有收入，但也可能沒有，所以被動收入往往比主動收入來得更不容易。然而，當你扎扎實實地打造被動收入以後，就可以過上自己想要的生活。

什麼是財務自由？
先認識被動收入與主動收入

什麼是財務自由？多數人都聽過「財務自由」這個名詞，似乎這才是脫離上班地獄的解藥。我對財務自由的定義是：「每個月的被動收入大於生活必須開銷，且不需要依賴主動收入維生。」

- **被動收入**：非工資收入，通常來自於資產或系統換取的收入，屬於累積型收入。
- **主動收入**：勞動型收入，通常利用時間與勞力換取的收入，無法長期累積。

財務自由之後，我們就不需要被綁在固定的時間與地點，可以根據個人需求選擇想要的生活，甚至旅居不同國家。第一次達到每個月被動收入超過六位數門檻，是我28歲時第一次體會到什麼叫做財務自由，因為當時被動收入的水平，完全超過我在外商上班的收入。

隨著這幾年過去，我完成了人生夢想清單中非常多事情，包含去日本學滑雪、單車環島、綠島深潛、學服裝設計、考品酒二級證照、不定期旅居歐美等，最重要的是，可以隨時陪伴家人，因此我很樂見身邊的人都能賺取被動收入與達成財務自由。

然而外面有太多騙局，那些心懷不軌的人，仗著你渴望早點財務自由，所以用被動收入的名義來吸引你。不論是吸引你投資不知名的虛擬貨幣或是資金盤老鼠會，這些都是我不希望看見的，因為我自己也曾經做過很多不好的嘗試。

打造被動收入的過程，就跟創業一樣，你必須盤點自己的資源，熟悉市場的商業模式，並且建立自己的現金流系統，其中最關鍵的一個步驟，就是讓自己脫身，建立一個

「不需要你」的賺錢系統，這是打造被動收入過程中最首要的目標。

被動收入有期限嗎？會是永久的嗎？有人誤以為被動收入是不動收入，或者只要打造被動收入，就一勞永逸，再也不需要管理。事實上，主動收入來自於我們用時間換來的金錢，而被動收入是我們用時間或金錢打造出來的資產收入。因此，即使擁有了可觀的被動收入，我們仍然需要定期管理資產，確保能產生穩定的現金流。

相較於主動收入，被動收入管理資產所耗費的時間成本較低，可能每個月只花一小時管理資產，就可以創造 10 萬的被動收入。簡而言之，被動收入就是資產管理收入。

有錢人就等於財務自由嗎？

有錢人等於財務自由？答案是否定的。

一個人不論多有錢、收入多高，只要他停止工作，收入就立刻消失，那都不屬於財務自由。因此，即使是月入 20 到 30 萬的高薪主管、月收 30 到 40 萬的醫生，甚至是月收 50 到 60 萬的律師，不論哪一種高薪職業，一旦符合「需要依賴主動收入維生」的條件，都不算財務自由。

財務自由真正的關鍵在於是否擁有「時間上的自由」。多數人忘了一件事，不論世間上有多少無法預測的事情，

某件事卻是必然發生的，也是我們每個人都能夠預測的；不論你現在幾歲、不論老幼，總有一天會離開人世。

比起金錢，時間是生命的計量單位，這才是我們人生中最稀缺的資源。

想成為創造財富的人，第一件事就是要清楚意識到，我們人生在世每天都是 24 小時，公平得很，百年之後必然畫下句點。為什麼有人一輩子窮困潦倒，有人可以白手起家，翻身致富？如何獲得時間上的自由，才是我們真正的功課。

對於時間，我們通常會透過以下幾個步驟，徹底運用時間這項稀缺資源：

1. 初期，**透過單位時間來換取金錢**。
2. 接著，**透過專業或知識的訓練，拉高單位時間的價值**。
3. 即使竭盡所能出賣自己單位時間的價值，依舊覺得時間不夠，有其極限，我們就學會去**購買別人的時間與專業**，這就像是為自己創造出分身一樣，透過別人的勞力與專業，讓自己的時間產生倍增的效果。

在財富的世界裡，只要熟知「利潤＝收入－成本」這個基本觀念，將時間視為可以買賣的商品，就能為自己的財務思維帶來新的突破。

舉例來說，當你透過專業技能與知識學習的累積，讓自己的單位時薪提升到每小時 1,600 元，這時可以利用每小時 160 元的時薪去買下別人的時間，為你處理一些行政雜務，將自己的時間與精力聚焦在高價值的活動上面。

簡單計算一下：1,600 元－160 元＝1,440 元。這時你是否就像企業家一樣，正在利用時間的買賣價差，提升自己整體的收益呢？

同理，當你在閱讀這本書時，其實也是買下了我累積一萬小時的財務知識與打造被動收入的經驗，省下大量碰撞與挫敗的學習期，透過閱讀新知的方式為自己節省大量時間。

認識財務四大象限

說到被動收入觀念，就不得不提到羅伯特・清崎的《富爸爸，窮爸爸》，書中翻新傳統會計學中的資產與負債定義，認為能為我們賺進現金流的是資產，讓我們支出現金流的是負債。

書中針對收入來源分為四個象限，分別是 E 僱員（Employee）、S 自僱者（Self-employed）、B 企業家（Business Owner）、I 投資者（Investor），簡稱ESBI四大象限。

我 在 大 學 畢 業 後 的 十 年 間 ， 就 經 歷 了 完 整 的

E→S→B→I四個象限的轉換過程。若你想了解如何從低薪E象限→高薪E象限→高薪S象限，可以參考我的第一本書《小資族下班後翻倍賺》，裡頭會分享更多細節。接下來我們專注談論的重點是**如何打造更多元的被動收入**。

圖表1-1：《富爸爸，窮爸爸》ESBI四大象限

延續前面的觀念，根據收入來源的類型不同，可以分為「主動收入」與「被動收入」。處於E象限與S象限的人，以主動收入為主，用時間與勞力來換取金錢，也就是你一旦停止工作，就可能會中斷收入來源，而處於B象限與I象限的人，以被動收入為主，也就是透過團隊、資產與系統來為自己工作，所以即使休息，仍會為你帶來源源不絕的收入。

了解這些基本觀念，關係到未來你能不能為自己的時間

做有效的複製，並且有效運用在正確的方向上。因此，我想在此先帶大家複習第一本書提過的觀念，讓你明確知道自己處在哪一個象限與人生階段，之後會逐步分享更多的方法與案例，協助你在生活中實踐。

接下來就來談談，打造被動收入的三大關鍵重點，如果你的人生目標包含了財務自由，那麼以下就是在判斷投入時間成本前，該審慎評估的幾個重點。

1-2
打造被動收入的
三大關鍵思維

在實踐打造被動收入的過程中,時間是我最初唯一擁有的稀缺資源,生命有限,因此時間變得更加珍貴。所有的金錢都來自於價值交換,因此創造價值是我們首要之務,才能打造讓我們得到自由的自動化現金流系統。

‧ **擁有的資源**:時間,同時也是生命計量的單位。
‧ **金錢的本質**:價值交換的工具。
‧ **自由的原理**:打造自動化的系統。

如何透過有限的時間,創造自動的收入來源,就是打造被動收入的關鍵思維。因此,**時間的可複製性、價值的可累積性、系統化與規模化**,就是創富的關鍵。

時間的可複製性

不停地強調時間觀點，就是希望大家從此不再受限於自己一天只有24小時的思維。如果你可以買下別人的時間，並利用工具為自己節省時間，或是，直接買下別人花了長時間累積的專業技能，那是否就已經為自己賺回了大量的時間，並且可以透過時間的價差，達到一樣的成果，甚至因此而獲利呢？

在開發被動收入來源時，最關鍵的評估標準，就是：**這件事做了以後，是否可以重複的銷售，創造時間的可複製性**？或是，**是否可以透過外包的模式，維持商業模式的穩定運作，為自己帶來長期收益**？

價值的可累積性

多數的被動收入都是從主動收入開始，然而，只有具備能夠長期累積價值的主動收入，才有機會變成資產。

以包租公為例，當你還是菜鳥包租公時，談下第一間公寓，開始裝潢、找租客，甚至管理等，都像是多了一份工作，完全是主動收入的狀態，並不像大家想的那樣沒事坐領租金爽爽過。

有人覺得日租套房是被動收入，但是開始經營後，才發

現每天要接待客人。客人退房後，還要去處理清潔打掃的工作，反而變成另一份辛苦的主動收入。

初期打造被動收入都是辛苦的，我們如何在初期看出這個收入來源未來有潛力發展成被動收入，最關鍵的觀點就是「這件事是否可以累積」？只有可以累積的主動收入，才有長期投入的價值。

如果你是攝影師，每次外拍的作品集結為作品集，那麼隨著專業技術的精進、作品集的累積，這些都能逐漸成為你的資產。假設你是店員，未來目標是想成為店面管理者，想透過打工經驗為自己鋪路，這也是值得投入累積的資歷。相反的，如果你只是想到處打打零工、賺零用錢，那麼長久以來消耗的將會是體力與青春，而這些將一去不復返。

因此，轉變思維，練習去觀察如何在生活中投入「可累積」的價值、人生經歷、專業技術，將會是未來創造財富的重要根基。

是否可以系統化與規模化？

有了前兩項觀念的加持，只要運用得當，我相信，你的收入已經能夠翻上好幾倍了。如果要達到令人欽羨的收入層級，總有一天，我們都得跨上系統化與規模化的道路，

除了買下他人的時間以外，大量複製可累積的資產，才能讓自己有機會走向鉅富之路。

這裡我想分享自己用來創造財富的「蕾咪財富公式」：

$$財富＝時間複製×價值累積×規模化倍增$$

其實，創造財富的公式並沒有我們想像的這麼複雜，只要能理解簡單的加減乘除，就有辦法知道怎麼增加財富。現在就來一起來練習吧！

財富公式五步驟：

Step.1 新鮮人階段：

假設我是大學生，維持原本的傳統思維，透過努力讀書學習累積專業，獲得了時薪較高的家教工作，時薪500元，每週家教2次，每次2小時。

那麼每月工作總時數為：

家教2次×每次2小時×4週＝16小時

時薪500元×16小時＝月入8,000元

轉換成財富公式：

月入8,000元＝16小時×1倍（**我的時間**）×時薪500元

（價值累積）×1倍（**無規模化**）

Step.2 **多數人的生存策略：**

通常一般人想要賺更多錢，會選擇「增加工作時數」。為了可以每個月有 2 萬元收入，開始增加堂數，從一個月 8 堂課，增加成一個月 20 堂課。

轉換成財富公式：

月入 2 萬元＝40 小時×1 倍（**我的時間**）×時薪 500 元（價值累積）×1倍（**無規模化**）

Step.3 **高薪者的生存策略：**

後來發現這樣下去遲早會過勞，於是開始想，或許可透過進修方式，拉高時薪，或者是從國中家教變成高中家教，做好「價值累積」。讓時薪從 500 元提高到了 800 元，而在時數固定的情況下，月收入提升到了 3 萬 2 千元。

轉換成財富公式：

月入 3 萬 2 千元＝40 小時×1 倍（**我的時間**）×時薪 800 元（價值累積）×1倍（**無規模化**）

Step.4 資產經營者的生存策略：

這樣的收入對大學生來說，算是很不錯了，但是人總是不嫌錢少，可是我的時間非常有限，又想增加收入，所以決定利用「規模化」策略。增加學生招生人數，變成10人小班教學模式，透過提供精美講義，確保價值累積，維持原價。

轉換成財富公式：

月入32萬元＝40小時×1倍（**我的時間**）×時薪800元（**價值累積**）×10倍（**規模化**）

Step.5 資產擁有者的生存策略：

當學生人數變多以後，收入的成長性完全嚇到我了。我想持續增加學生人數，但是為了維持小班制教學品質，正好陷入兩難；剛好同班同學問我打工機會，決定將我的方法複製出去，並且提供教案設計與課程規畫，使用「時間複製」策略。

轉換成財富公式：

月入64萬元＝40小時×2倍（**我+同學的時間**）×時薪800元（**價值累積**）×10倍（**規模化**）

收入開始大大提升，但勢必有成本支出，因為購買別人的時間屬於昂貴的資源，於是付給同學時薪 1,000 元，同學覺得非常開心，擁有如同上班族一個月的薪水。

同學月入 4 萬元＝40 小時×1 倍（**同學的時間**）×時薪 1,000 元（**價值累積**）×1 倍（**無規模化**）

這時候我的收入總額來到了 64 萬元，64 萬營收減掉同學的薪水 4 萬元，利潤總共是 60 萬元。在我維持每個月同樣 40 小時工時的情況下，我的淨收入提升到了 60 萬元，而我可以選擇要繼續購買其他人的時間進行複製，適度地減少自己的工時，或者持續做我喜歡的工作。

當然，在現實情況下，我們可能會有很多衍生成本，包含學生增加的管理成本、課程單價變低、教室租金、員工勞健保等，但觀念本質是不變的：透過累積專業價值、購買他人時間、規模化事業，才能為我們創造出更大的財富。

看了公式後，你有沒有發現？你的投入時間與累積價值，一開始時絕對不可能為零；如果有任何不需要你投入時間或累積任何價值，卻可以為你打造被動收入的機會，都要小心求證，小心有可能是詐騙陷阱！

透過簡單的數學題，了解打造被動收入的基本觀念後，

我們接下來會分享各種符合這幾種條件的變現模式，不論是透過興趣變現、知識變現、資產變現等，藉由打造多重收入來源，讓自己不必受限於薪資本身的收入，而能快速邁向財務自由。

1-3
被動收入的
三種類型

想打造被動收入，卻不知道怎麼開始？股票是被動收入嗎？房地產是被動收入嗎？許多人會把主動收入跟被動收入搞混，如果你們夠了解打造被動收入的原理，就會慢慢發現各種主動收入都有機會變成被動收入。在這裡我們僅分享**常見的被動收入，大致有三種類型：股東分紅、智慧財產、不動產與資產。**

股東分紅

一般投資股票的被動收入通常是賺取股利所得，如果你是小資族，可以投資美股、ETF、殖利率高的定存股，這是股東分紅的一種方式。

為什麼非常多企業家擁有那麼龐大的被動收入呢？因為他們創造了自己的事業、打造了團隊，而他就是這家公司最大的股東。當公司穩定運轉後，不需要股東時常親力親為，公司也能正常運作，那麼這個事業體就會是他的被動收入。

因此來自於股東分紅的被動收入，實際上有兩大類：一種是成為股票投資人，另一種是成為新創事業的投資人，就有機會隨著企業成長，賺取大小不等的股東分紅。

智慧財產

這是一般人在沒有任何專業技術背景的情況下，最容易打造的被動收入，特別是在網路時代，你只要能上網，就能創造內容。只要是「財產」，它就有「資產」的特性，比如你的文字、圖片、影音，其實都算是智慧財產。你可選擇透過收費方式授權給別人，另一方面，也可以選擇把這些作品放在網路上，用販售或是流量變現的方式來獲取利潤。

有些人可能會問，我做這些作品也是花了許多時間與精力，為什麼算是被動收入呢？主動收入像是提水桶到村莊的過程，而被動收入像是打造水管的過程，其實打造水管的過程並不輕鬆，而且可能賺得比提水桶的還少。例如：

如果我選擇相片授權的方式，一天賺 1 塊錢，跟我直接一次賣斷照片收費 1 萬元，當然 1 萬元在短期間內比較吸引人，但長期來說，一天賺 1 塊錢才是被動收入的模式。

因此，在智慧財產的被動收入模式當中，我們經常會面臨一個抉擇，就是要選擇短期利益賣斷作品，還是選擇長期獲利收取授權金。在初期累積資金時，我們可能需要透過賣斷的方式，先設法養活自己，但是一旦超過了生存所需的金額，我會建議可以慢慢打造被動收入。

不動產與資產

多數人最熟悉的被動收入模式，莫過於房屋出租。我們在繳房租時，其實就是在提供房東被動收入，另外像是販賣機、計程車租賃、商用咖啡機，也都屬於這類資產。想開咖啡廳的人，不一定買得起一臺動輒數十萬的咖啡機，所以有些廠商選擇用租賃的方式租給店家；攝影師常用的專業攝影鏡頭並不便宜，網路上也有許多攝影器材出租服務，這些都算是被動收入。

能夠作為資產出租給他人的物品，通常是人們的生活必需品，像是房子、車子，或是生財工具像是咖啡機、攝影鏡頭等。所以思考看看，你提供的物品是否能為他人創造收入？如果可以，那麼或許就挑對了好市場。

你適合哪一種被動收入類型？

了解以上三種被動收入的類型之後，接下來就可以來剖析自己有什麼樣的才能與特質，適合挑選哪一種入手：

圖表 1-2：你適合哪一種被動收入類型？

適合 股東分紅股利型 被動收入的人	適合 股東分紅事業型 被動收入的人
・喜歡分析股票 ・擅長財報分析 ・不想花太多時間 ・會找高殖利率股票	・樂於創業 ・打造團隊 ・創造事業體 ・能使團隊順利運轉
適合 智慧財產型 被動收入的人	適合 不動產與資產型 被動收入的人
・有創作慾望 ・經營個人品牌 ・願意在網路或公開分享內容	・提供產品租賃服務 ・機器與機台租賃 ・租車服務 ・場地租借

打造可自主運轉的事業體，牽涉到商業模式建立，在此暫不著墨，我們先來聊聊一般人可以用小資本起步的智慧財產型。之後，將會探討一般人較能實現的投資方式，藉由一連串邏輯的科學方法，尋找適合個人的投資策略與長期持有的投資標的。

打造智慧財產型
被動收入

智慧財產是最不需要資金打造的資產，只要肯花時間，每個人或多或少都有機會創造出屬於自己的智慧財產。不論是文字、圖片、聲音、影像、繪畫，都有機會成為資產。以我為例，經過一年的實踐後，才透過智慧財產每月賺取超過六位數的被動收入。以下總結幾個簡單步驟，希望也能幫助你們更快入手。

盤點自己的現況

還記得前一篇我們以家教老師為例，一步步將主動收入轉換為被動收入。同理可證，你現在手邊任何進行中的主動收入來源，都有機會變成被動收入。

將主動收入打造為被動收入的過程，主要關鍵在於「如

何讓自己抽身」；即使自己不在現金流系統當中，整個系統也能順利運轉，這樣才能變成真正的被動收入。當然，每個月稍微確認一下收入是否入帳，做好資產管理還是必要的工作。

因此，建議大家開始嘗試寫下一個重要的功課，即使只是普通上班族，也一樣可以練習。

> ‧你現在的主動收入來源？
> ‧你是應用哪些技能，賺到這些錢的？
> ‧這些技能產生的成果，是否可以被複製？

相信我，只要你能賺得到第一個 1 塊錢，就有辦法賺到一百萬個 1 塊錢，甚至 1 千萬元！

多數的智慧財產來自於文字、圖片、程式、影音，而這些創作品的特性，就是可以被重複觀看與複製使用；就像是過去唱片時代一樣，當音樂的智財權建立完成，每一次印製唱片就像印製鈔票一樣，快速地印製財富。現在因為時代轉型，我們知道YouTube的影音透過大量的瀏覽量，被大量重複播放。注意，這句話的重點在於「**重複**」播放，因此，凡是可以重複被使用與複製的作品，都可以為自己打造智慧財產，進而創造財富。

不是只有網紅這條路

以上舉了歌手與 YouTuber 的例子,並不是要讓大家誤以為智財權的發揮空間僅此而已。事實上,有人透過撰寫履歷範本,供人下載賺取被動收入;有人透過設計網站版型,供人下載賺取被動收入;也有人透過設計簡報模版、圖案設計,賺取被動收入;更有人透過攝影作品,跨國賺取被動收入。除了視覺設計,短音效、音頻、白噪音與音樂節奏,都有人透過這樣的方式賺取大量被動收入。

記得,關鍵字是「重複」或「可被複製」,因為這代表**你只要「創作一次」,就可以被「重複銷售」**。

所以,盤點一下吧!你的學習筆記、程式、聲音、文字、影像、影音都有機會成為資產,關鍵在於你到底是否足夠了解這些商業模式與變現方式。

打造智財權前,淺談基礎法律須知

在商場走跳,基礎的法律知識是必要之惡,畢竟法律向來只保護「懂法律的人」,因此我們想透過智慧財產來賺取收益,就要先了解相關智財法律,學會保護自己的財產。

我過去的職業是工程師,當初修習法律系的資訊法律課

程，單純只是為了想學習保護「程式碼的著作權」「軟體發明的專利權」等，但沒想到有一天自己不只是研發工程類的創作者，同時也是圖文類創作者，因此著作權的應用範圍也就更廣泛了。

簡單來說，智財權分為兩類：文學產權（Literature Property），包括著作權和鄰接權，臺灣法律不適用鄰接權，在此就不多加著墨，以及工業產權（Industrial Property），主要包括專利權和商標權，其中還有所謂的商業祕密法，也屬於智財法的規範當中。

著作權

著作權又分為兩種權利，著作人格權與著作財產權。特別注意的是，著作人格權是不可剝奪與轉讓的，例如，高第的建築，不論現在西班牙巴塞隆納的聖家堂擁有者屬於誰，建築師都是高第；然而，著作財產權，就像房產一樣，可以自由地買賣、授權收費等。

因此，假設你是創作者，不論在任何平臺簽署合約或商業契約，都要特別注意「著作財產權的歸屬」。千萬不要相信合約不能修改這種鬼話，只要是人類擬定出來的契約，在簽署前就是可以修改並討論。

因此，當你創作出一件作品，不論是程式語言、文學創

作、圖像設計、影音內容，你都立即擁有了著作權；而創作者本身是可以選擇是否轉讓或轉賣自己的著作財產權。唯一要特別注意的是，假設你受僱於企業，負責產製作品，通常工作契約內會預設財產權歸屬於企業，因為企業已經負擔了成本所需的費用，並買下你的財產權。

▌專利：解決問題的方法

專利戰在科技業行之有年，讓大家誤以為專利就是為了保護主義而生。事實上，專利法的發明是為了讓世界整體更進步，透過讓發明人可以收取些許的專利授權金，鼓勵發明人公開技術方法（Know-How）。

提到專利，就不得不提到「專利檢索」與「專利迴避」這兩個名詞；申請專利前，通常會進行專利檢索，確定相似專利沒有預先被人公開或申請，才能符合申請專利的最基本要件。如果已經有解決類似問題的方法被發表，這時候就需要確認方法本質上是否相同，如果不同，就符合了專利迴避的要件，也能順利地申請專利。

簡單來說：**解決的問題是否相同**？這是專利主要探討的事。

不像著作權，一旦作品被創作出來，著作權就即刻產生。專利則需要根據各國法律事先申請，並且牽涉到地域

性，專利申請年限通常為開始申請後的二十年，依類型可視情況延長。

▎商標：識別性的圖樣

商標（Trademark）是識別某商品、服務或與其相關具體個人或企業的顯著標誌，可以是圖形或文字，也可用聲音、氣味或立體圖來表示。在法規的定義裡，商標是：「指任何具有識別性之標識，得以文字、圖形、記號、顏色、立體形狀、動態、全像圖、聲音等，或其聯合式所組成。」

商標概念的關鍵字是「**識別性**」，也就是能夠讓商品或服務給相關的消費者認識，並與其他商品或服務產生區別。

商標註冊人享有商標的專用權，也有權許可他人使用商標以獲取報酬，這部分與專利權有些相似，都需要事先註冊申請。

以目前的應用來說，多數人進行商標保護是為了阻止他人仿冒，與競爭者使用相似的標記來混淆消費者，像我就申請了「蕾咪」的商標，避免他人盜用。

商標法的法令在各國不盡相同，有的國家不須註冊，若能識別，即可認定，但臺灣是註冊主義，所以註冊先後決

定了擁有權人。即使你使用了自己的商標多年，並打造了極具知名度的品牌，但是因爲沒有註冊商標，其他人是可以透過搶先註冊，要求你放棄商標使用權的。自創品牌的人要特別注意，個人品牌同樣也適用於商標法，假設你是自媒體經營者或知名人士，也強烈建議申請自己的商標保護。

打造智財權前，基礎的稅法知識

智慧財產，其實是帶動國家發展的重要動能，因此在稅法上也提供一些優惠。

依我國所得稅法第 4 條第 23 款規定：「個人稿費、版稅、樂譜、作曲、編劇、漫畫及講演之鐘點費之收入。但全年合計數以不超過 18 萬元爲限。」此爲獎勵文學、藝術、音樂創作，並促使人民發表意見、形成輿論，以達到推動公共政策，而在稅法上所給予的稅捐優惠，這類收入一年得以有 18 萬免稅額。

接下來要分享的案例，結合了海外商業模式。提醒：如果你的產製所在地並非臺灣，可能適用於海外所得每年 670 萬免稅額，詳情可以參考會計事務所認定。

圖像類智慧財產轉換被動收入的案例分享

假如你是網站視覺設計師，擅長視覺編輯與編寫 CSS 語法，除了上班領取死薪水外，你可以選擇成為在家接案的自由工作者，也可以利用這項才能創造另一種被動收入。

例如，**線上付費版型下載**：ThemeForest 為國際知名平臺，可以提供用戶上傳智慧財產，供人購買。剛開始以 WordPress 的版型下載起家，目前站上除了版型以外，還包含了程式碼、圖片、音樂、影像等。

舉例來說，我個人頗喜歡的創作者 meks，他們的版型均價約在 59 到 69 美元，如果加上技術服務，大約 20 美元上下，已銷售 29,093 次。假設以最低價格計算，可以得知：

價格 59 美元×銷量 29,093 次＝1,716,487 美元。

假設美元匯率 30，折合臺幣 51,494,610 元，大約 5 千多萬元！

傳統的網站設計師，進入公司體系後可以成為一般上班族，如果選擇出來當自由工作者，按件計酬，使用相同的才能，透過平臺或系統就能規模化，變成一種被動收入。他們發揮的專業技能並沒有改變，卻因為調整了商業模式，而帶來可觀的收益與時間自由。

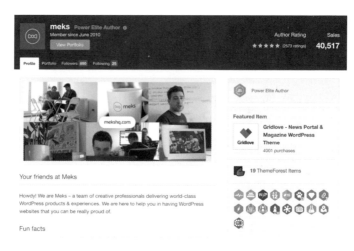

圖表1-3：線上付費版型下載

　　或者，**工程師開發應用程式**：許多工程師販售應用軟
體，最後成為知名企業，這樣的範例太多了。

　　我們也來談談另一個容易上手的，許多人也朝這個方向
發展的**職業攝影師**。你可以是媒體雜誌月聘的攝影師，也
可以提高自己的單位時間價值，自行接案，接著利用規模
化技巧，讓攝影技能變成可行的被動收入。除了單次接案
外，世界上有非常多知名的平臺網站，可以選擇免費提供
作品供人下載，讓人自由捐贈金額，歐美國家大都習慣每
次捐贈 1 到 10 塊美金或歐元，也可以選擇只提供付費下
載。你只要專心創造作品，並加上攝影作品的可複製性，
就能為你創造出可觀的收入。

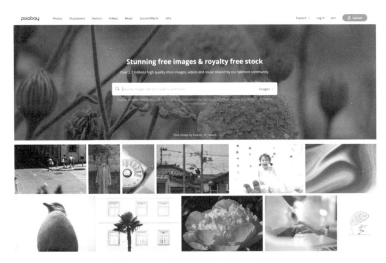

圖表1-4：提供攝影作品供人下載

　　幸運的是，如果你是圖像化的創作者，就可以不受語言與文字的限制，只要視覺美感受到肯定，加上容易搜尋的英文關鍵字，就能不受國界限制，透過重複販售個人作品，為自己創造財富。

　　多數人最常妄自菲薄與忽視的智慧財產，事實上是你的過往經驗與專業知識。我們不需要成為世界頂尖的專家，但是可以成為後進者的引路人，只要比別人提早多走一步路，你披荊斬棘的過程與心得，都是非常重要且有價值的資訊。

　　現在，練習從你的腦袋瓜與人生經驗中，挖掘出可能變現的金礦吧！

1-5

從職業的選擇開始，
創造可累積性，步入千萬年薪

我們繼續談關於被動收入的打造模式，從一般人可以入手的方式開始說起。

還記得之前所提到的「可累積性」嗎？在生活購物與興趣培養當中，都能從可累積性開始下手，不知不覺中，我們自然就會變得越來越富有。

人生成就往往就是依靠一連串的選擇而成，不論是職業的選擇、購物的選擇、關係的選擇等，幾乎囊括了生活主要的型態。

仔細觀察，那些坐領高薪的人，他們的職業有沒有什麼特性？像是「隨著時間越長，累積的專業越扎實」，還是「隨著經驗越豐富，累積的不可取代性越高」，或是「隨著作品越多，累積的名聲越響亮」，這些具備累積性的職業，也許在一開始會很辛苦，但到最後絕對個個都擁有令

人稱羨的財富。

在職業的選擇上，最忌諱的是挑選一些「免洗筷型」、沒有就業門檻的工作，同時也代表你很容易被取代。因此年輕時也許因為一開始找不到好差事，而選擇做這類型工作，但是別忘了早點為自己做打算，多存點本錢，多投資其他技能，才是一般月薪5萬以下的小資族需要著手的第一步理財策略。單純依賴勞力或體力的工作，如果沒有經驗與專業的加成，僱主往往會傾向選擇更年輕有體力的新人來取代舊人，這是業界常態。

如果你不巧從事的是大家眼中的「免洗筷型」工作，應該怎麼累積價值呢？餐飲服務業、便利商店店員、行政助理等，通常是沒有什麼就業門檻的工作，也總是有人抱持著短期就業的心態去嘗試，但是即使門檻低、取代性高，只要你學會累積自我價值，一樣能擁有充滿價值的人生經歷。

分享身邊幾個朋友從免洗筷型職務開始累積自我價值的真實案例：

從外場服務人員到擁有自己的店

咖啡廳外場工讀生→咖啡廳內場→二廚→主廚→開設自己的咖啡廳→擁有自己的連鎖咖啡廳。

是不是像小資女升職記，一步步晉升，然後打通關！

多數人選擇去咖啡廳打工後，可能不會將這條職涯延續下去，而是單純地在不同職業打打零工，一下子到速食店、一下到咖啡廳、一下到便利商店，集滿各種店面服務的經驗。

餐飲業非常辛苦，所以許多年輕人做不長久。我這位女性朋友非常熱愛餐飲業，打從一開始去咖啡廳打工前，她就已經想好，這都是為了未來擁有自己的咖啡廳做準備。如果只是做辦公室工作，拚命存錢累積資本，然後投資幾百萬開咖啡廳，十之八九都會失敗，所以她選擇直接在業內培養自己，透過在咖啡廳打工賺錢，一點一滴累積經驗與資金。直到她擁有足夠資金的那一刻，她也擁有了豐富的經驗，也就大大增進了創業存活率。

從行政助理到創業家

行政助理→總機小姐→策展專案經理→跨國企業祕書→總經理特助→自行創業。

另一個職場升職記，是許多社會新鮮人常見的起點，就是行政助理。每家公司的行政助理，職務內容可說是完全不同，但不外乎就是主管交辦事項與各種雜務。隨著產業不同，也能觀察到不同的業態。如果是這類型工作，建議

大家可以從累積產業經驗下手，讓「相關產業」成為累積的重點。

我的一位好朋友是從行政助理開始做起，她後來進入相關跨國產業擔任總機，由於她處理行政事務的能力非常強，總是能將瑣碎的行政庶務打理得有條有理。離開這份工作後，她跳槽到別家公司成為專案經理，由於在跨國公司經常需要接待外賓，後來因緣際會進入跨國企業擔任祕書要職。最後，晉升為總經理特助，並且找到了創業的機會，成為女企業家。

從法務到多家企業老闆

內部法務→超級業務→被公司送去海外念 MBA→國外創業→簽下代理權→擁有多家企業。

另一個經典案例，是一位熱愛業務工作的朋友。他本身是法律出身，後來發現自己對於業務工作比較有熱情，於是跟公司申請轉調業務職。沒想到短短兩、三年的時間，他就成為公司前幾名的超級業務，每年至少創造幾千萬的業績。

當我們聊起對職業的看法時，他笑著說：「妳知道我為什麼這麼熱愛業務工作嗎？因為，業務是非常具備累積特質的行業，我的業務能力會隨著經驗累積，不論賣什麼

領域的產品，都會增強我的業務開發與談判能力，客戶名單也會隨著我在業界越久，累積越多。後來我選擇創業，許多良好的人脈資源都為我帶來了很多新事業的客戶，這些都要歸功於過去不論成交與否，都和每個客戶打好關係。」

當我聽到他的分享時，覺得很驚奇，原來，不只是我們工程領域的專業可以累積，事實上，業務工作也非常有累積價值。重點在於我們是否有意識地去累積自己的業務能力與客戶名單，或許在未來能為你找到不同的事業契機。

前篇提到，你能夠透過智慧財產的累積，轉換成被動收入的模式；所以這篇想要特別分享，對於一般職業轉換成可累積性的方式。我必須不諱言地說，**創造被動收入在一開始，甚至比主動收入更困難**。如果能夠**先培養創造高薪的主動收入，並且留意每個主動收入背後所代表的累積性**，不但能快速幫助自己累積資本，更能透過經驗的累積，在未來需要轉換被動收入時，直接派上用場。

許多軟實力在職場中往往被忽視，包含溝通協調能力、業務開發能力、外語表達能力、緊急應變能力，甚至行政處理能力，可是，只要是曾經當過老闆的人都可以體會，只要肯學習，多數的知識與技能都可以快速訓練上手。卻只有這類軟實力會逐漸內化成人格特質，成為無可取代的

價值。

人生應該對自己多一點想像力，只要你有意識地累積個人價值，總有一天會得到應得的成就。

接下來會繼續談如何透過購物消費的選擇，來為自己持續創造可累積性。

1-6
從購物消費的選擇開始，培養投資心法，找出可累積性

　　我們剛談完一般職業的選擇如何創造可累積性，現在來談談如何透過生活購物消費的選擇，找出累積性。有人可能會想，為什麼要強調「可累積性」這麼多次？因為重要的事情要說三遍以上，大家才會記住。

　　事實上，許多人把「金錢」視為「財富」的唯一結果，可是在我眼中，財富是所有能讓你感到幸福的東西，包含美好的關係、成功的事業、讓人滿足的物質等。金錢不是財富，所以我們才會選擇使用金錢換來各種財富，而財富會以各種形式出現在你面前。因此，如果打從一開始就能有意識地去「累積你的財富」，就可以讓自己擁有幸福！

購物消費的選擇

比起斷捨離，我更喜歡極簡生活的概念，比起瘋狂購物後忍痛割捨雜物，不如從一開始就選擇只讓喜歡的東西包圍自己，就能過得更快樂、更美好。

我相信，許多人都曾經因為財力，面臨過「因為價格而做出抉擇」的感覺，有的人會選擇忍痛放棄，退而求其次買下不那麼想要、但是比較便宜的東西，也有人會咬緊牙關買下非常想要的東西，然後想辦法還清卡債；這兩種極端案例，都不會是我們想要的生活。

我們都不是富家子弟出生，花出去的每一筆錢，可能都是辛辛苦苦賺來的，但如果生活中有太多將就，我們可能會不知不覺中習慣了粗糙的日常，而開始不再相信自己值得擁有美好的東西。

我們要的，是可以自由選擇自己真心想要的東西，不需要因為財力而被迫將就，但是也不會因為匱乏感而拚命購物將生活填滿，只為了證明自己值得。

所以我想來分享：「**如何將購物變成投資，選擇最能讓自己幸福的夢幻逸品。**」

Step.1 列下你的夢幻逸品清單，想到任何東西就加進去沒關係！

Step.2 在夢幻逸品清單上標出價格，並在每個後面寫下三個想要擁有的理由。

Step.3 每次玩樂基金帳戶累積到差不多的時候，就挑時間去買一個喜歡的給自己。

　　提醒一下，玩樂基金帳戶通常是抓月收入的10％，不能更多，但也不要更少，只有跟月收入直接產生連動關係，才能讓我們更有動力去創造更高的收入。

　　一味節儉省錢，其實非常容易讓人失去賺錢的動力，並且勉強自己假裝不想要喜歡的東西，久了就會讓人學會放棄。但是，如果練習讓每一次累積下來的金錢，都能買進真心喜愛的物品，我們才能真正體會到幸福感，並累積在生活當中。

　　舉例來說，我有一位女醫師朋友，她理想中的夢幻逸品是 Chanel WOC，當她看見這款包包價格約臺幣9萬時，覺得是否要退而求其次改買其他品牌，別這麼浪費錢。但是，轉念一想，比起放棄自己的夢幻逸品，她可能更願意

延遲享受其他沒那麼在意的開銷，像是她並沒有一定要常常逛街買新衣服，多買幾件新衣服並不會讓她覺得更幸福，多買更多的口紅與粉餅也不是她追求的。如果這款精品包能為她帶來自信與自我肯定，又有何不可呢？

理財，其實就是一場資源分配的過程

在我們沒有意識到的時候，很容易想到什麼就花什麼，一旦我們清楚自己真正想要的事物以後，自然會將資源集中，讓自己一步步往理想的生活邁進。

如何讓平常的體驗消費，為自己累積投資價值？

不要吝惜把錢投資在自己喜愛的興趣上！喜歡唱歌，可以去上演唱技巧班；喜歡咖啡，可以學習咖啡沖泡、拉花技巧；喜歡葡萄酒，跟我一樣去上品酒課，順便考張證照；喜歡服裝搭配，去上造型班或服裝插畫課都好；喜歡極限運動，那麼滑雪潛水的同時，不妨試試考教練執照；喜歡旅遊，上幾堂簡單的攝影課，試著拍出好看的照片做紀錄；喜歡閱讀，就參加讀書會，養成固定閱讀的習慣。

仔細觀察，你會發現許多具備斜槓職業或多元收入的人，都有一個共同的特質：**除了玩玩興趣以外，還會多深入學習一點點**。相信我，真的只有**多一點點**而已。

就是多那一點點想做得更好、了解更深入的念頭，就可以為自己帶來意想不到的人脈關係與事業機會，而那些多懂一點點的用心，也可以讓你在新領域中，更有眼光去買到好東西。我就有位朋友因為學品酒，懂得收藏好酒，反而因此賺到價差收入！

其他資產型的被動收入
是怎麼打造來的？

所有的資產，除了智慧財產外，大都是我們當初買來的。還記得我曾經舉例過，不只是房子、車子可以作為租賃用途，事實上，許多他人眼中的生財工具，可能都是未來可以租給他人的潛在資產。只要能讓租賃的商業行為發生，久而久之，就會變成一種資產型的被動收入。

舉例來說：有人原本只是因為愛好攝影，所以購買的鏡頭與機身越來越多，自己不一定想要成為攝影師，但是累積下來的鏡頭卻成為他的資產，在不需要使用時，就可以按照天數租給別人，創造其他的收入價值。

有人專門做德國品牌 Rimowa 登機箱的租賃，就是看中了許多人一年只會出國幾天，又不想要買行李箱占著家裡的空間，與其如此，不如花個幾百、幾千元，就可以租到價值上萬的行李箱。

有人熱愛潛水與海上活動，但發現許多人其實只有夏天的旅遊旺季會用到，其他80％的時間都把潛水相機放在家中。因此，也有業者專門提供防水攝影機、潛水相機的租賃服務，讓許多人如果出國去海島玩，就能租來使用。

有玩音樂的人，應該會知道專業的麥克風、錄音室，甚至相關器材都價值不斐，這些都能成為他人創造資產型被動收入的來源。

還沒有大資金購入資產前，應該怎麼建立購物觀念？

就先從**改用「投資」的眼光，看待每一次購物**這件事情開始吧！買了這件衣服以後，能有多種搭配嗎？能為自己建立良好的形象嗎？還是只是一時的衝動消費？買了這支新手機以後，能為我創造更多價值嗎？能用來做些什麼？這個口紅顏色，我真的需要嗎？家裡的用完了嗎？這是我最想要的東西嗎？這次出去玩，我能將自己的經驗記錄分享？或能為家人創造更美好的回憶嗎？

別忘了，幸福對我們而言也是很重要的貨幣。

與其想著怎麼從無到有快速地入門學習投資，不如先從花每一筆錢開始，將投資思維帶入，並且思考每項花費，只是一次性花費？還是能夠累積並創造多元價？自然而

然，就能為自己累積財富，並為打造被動收入建立基礎。

　接下來將會討論：關係的選擇如何建立可累積性。

1-7

從關係的選擇開始，建立人際財富，找出可累積性

　　巴菲特說：人生最重要的決定是「找對的伴侶」！在這裡，我們一樣延續之前討論的「可累積性」，聊聊各種關係的選擇，如何造就生命財富的可累積性。

　　在多數情況下，「人際關係」是人生中一道難解的習題。

　　記得，當年我剛轉職為自由業的初期，一位與我同年的行銷公司老闆朋友對我說：「蕾咪，妳總有一天要學會篩選自己的人脈，不要浪費時間在沒有必要的人身上，因為每個人的時間都很有限。」第一次聽到這句話時，我內心覺得未免也太現實了，只有對自己有利益關係的人，才需要往來嗎？然而，隨著時間過去，我從清閒的自由業者，變成了忙碌的自由業者，甚至成立公司以後，我才對這段話有了不同的體悟。

思維的差距，就是財富的差距

上班族、自由業者、創業家、企業家，這幾種人的思維邏輯本就不同，當你轉職升級時，也必須改變思維，才能讓自己能夠順利勝任當下的角色。

月入3萬、月入30萬、月入3百萬、月入3千萬，這幾種人的思維邏輯也完全不同。你會發現，在人生某個點卡關時，往往一個轉念的關鍵時刻，就可以讓收入大幅突破。當你擁有的是高於目前水平的思維，漸漸的，會得到應有的報酬；相反的，當你擁有的是低於目前水平的思維，總有一天會被打回原形。於是，我才終於理解，為什麼有句話說，你的收入水準，大約等於你身邊五個人的平均收入。

「價值觀」會讓人物以類聚，甚至進而成為好朋友與好夥伴。我們學生時期接觸的朋友，如果不在同一個高度上，漸漸地在生活中也會失去交集，變成只有年度節慶或一年一次的同學會，才有機會碰面。

微軟的比爾‧蓋茲與波克夏的「股神」巴菲特，是非常要好的朋友，兩個世界首富並不是競爭關係，甚至在巴菲特的妻子去世後，他選擇滿足妻子遺志，將大部分財產捐給比爾梅林慈善基金會，只保留一小部分給兒女管理。

因此，如果你想改變自己的收入水準與現況，應該試著

去跟「比你成功」或「已經成功」的人請教，甚至嘗試與他們交流。在相處的過程中，光是觀點的碰撞，就能讓你體會到他們與自己有何不同，進而學習調整。

人際關係也需要斷捨離

多數時刻，許多人身陷人際關係的困擾當中，也許是同學、也許是同事、也許是上司下屬關係、也許是感情、也許是朋友、也許是親子關係。我們難免會遇到情感挫敗或受傷的情況，但受害者心理最終只會害了自己。我們的感受往往來自於「我們的」感受，對方可能一無所知，一樣的言語與行為，並不會造成其他人的傷害。就像《被討厭的勇氣》書中說的，最後，我們都只是為自己的潛在好處，而假裝自己是受害者罷了。

我們可以開始學習，放掉那些抱怨大會的群體，放棄那些總是負面思考的族群，放棄那些拖著你不成長的螃蟹族，放掉那些以關心之名詛咒你會失敗的親友，放掉那些舒適圈，才有機會走出更棒的道路。談到人際關係的「累積性」之前，就先從斷捨離開始，斬斷一些耗費我們能量的關係吧！

三步驟分析你的人際關係

這裡給大家小小的功課做練習，利用簡單三步驟，觀察自己的人際關係：

Step.1 回想過去一個月以來，所有接觸過的人名。利用心智圖全部寫下來。

Step.2 開始將這些人帶給你的能量，快速分類。比如說正面（＋）或負面（－），正面（＋）如被愛、被尊重、自在、溫暖、成長、快樂、實質收穫等其他好處；負面（－）如壓力、排擠、抱怨、被勉強、負面情緒、過度索取等其他壞處。

Step.3 聚焦在給你正面能量的人，練習提高分配在他們身上時間的比重。如果覺得不夠，就嘗試往外面的弱連結去尋找，嘗試與你欣賞的人請教或學習，甚至去參與活動，拓展自己的人脈關係。

每種關係都值得好好經營

還記得國中時，臺上的老師惡狠狠地批評「靠關係」的人，當時我也同樣開始建立了這樣的思維，對於任何靠關係的人感到不齒，然而隨著人生歷練越來越多，我才發現**所有的關係都是經營來的**，沒有誰會理所當然地幫助誰。

往往我們只看到依靠關係吃香喝辣的人，卻沒有意識到這樣的人，可能平常就是與人為善並熱心助人，所以在必要時刻，當他需要幫忙時，才會有人願意伸出援手。更甚者，即使是基於利益交換而建立的關係，也代表對方具備能夠提供他人同等利益交換的實力，才有辦法讓「關係」發揮作用。

人際關係的累積性，有許多不同的名詞解釋，包含情感帳戶與人脈存摺等，**創造財富的過程，比起獨善其身地完全靠自己打拚，不如善用彼此的資源發揮綜效**，不但可以為他人帶來好處，也讓自己的人生更輕鬆。

我並不是擅長社交的人，因此從來不認為人際關係的經營是件容易的事。然而，不可否認的是，我的事業發展順利，非常大的部分來自於朋友的幫助，或者是人生中出現的貴人，給了我好建議、引薦好客戶、推薦好資源。這些積少成多的善意，累積成人生中的幸運。

與其仇視著「關係」本身，不如好好關心身邊的人，好

好經營親朋好友的情感帳戶或人脈存摺，這樣能讓我們的
人生，不只是在財富上，在人際關係與心靈健康上也能過
得更加幸福。

1-8

如何依靠聯盟行銷
賺取被動收入？
月入10萬心法大公開

聯盟行銷（Affiliate Marketing）是許多人認為網路被動收入的好方式，透過轉換銷售的傭金，為自己帶來高於工資的收入。為期五年以上的時間，我每個月都領取超過10萬以上的聯盟行銷收入，但是隨著經驗累積與市場起伏，我對於聯盟行銷收入有了一些新看法。

聯盟行銷的基本觀念

聯盟行銷算是「半被動收入」模式。什麼情況下是被動收入，什麼情況又是主動收入呢？

聯盟行銷是什麼呢？就是**透過產業與產業的異業結盟，**

來創造共同的行銷成效。

了解聯盟行銷的常見模式，可以先從傳統的店家寄賣開始了解；若店家順利銷售出產品，就能得到產品部分利潤，多數利潤則歸還給業主。例如，假設你是自創皮件品牌的人，你將產品寄賣在各種店家，寄賣過程中，店家可能要幫你處理銷售與出貨，藉由每一次的銷售得到你給他們的佣金。

聯盟行銷跟傳統行銷並不會差太多，其實就是把原本要給通路的錢，或是給業務員的業績獎金，變成付給網路上幫忙做行銷的人。例如像是在百貨公司遇到的信用卡業務員，會攔截你希望可以辦卡，因為每辦一張卡，他們就可以抽取一筆小額的獎金。聯盟行銷就是透過這樣的模式，只是業務員不用奔波，而是透過網站或網頁的方式來帶動銷售。

行銷廣告是什麼？在網路世界中，廣告計費模式分為以下幾種類型：

- CPM（Cost Per Mille or Cost Per Impressions）：每千次曝光成本，以廣告每顯示1千次作為單位收取廣告費用。

- CPC（Cost Per Click）：每次點擊成本，每次消費者點擊廣告，所需要支付的費用。

- CPL（Cost Per Leads）：以蒐集潛在客戶名單的數量來收費。
- CPS（Cost Per Sales）：以實際銷售產品的數量來換算廣告刊登金額。
- CPA（Cost Per Action）：以取得實際行動或回饋計費，例如交易或註冊等。

其中，聯盟行銷多以CPL、CPS、CPA為主。

為何許多品牌愛做聯盟行銷呢？因為可以降低浪費行銷預算的風險。不需要一開始就花費大筆的行銷預算，卻可能沒有任何的轉換與成效，因為大部分的聯盟行銷，都在確定有成效或成交時才計費。

問題來了，聯盟行銷好與不好的方法，有何差別？什麼樣的聯盟行銷模式，只能賺取一時的錢財，而無法帶來長期的被動收入？什麼樣的聯盟行銷模式，能夠穩健地累積資產？

好的聯盟行銷方式

對品牌有足夠的了解，並且結合自身興趣，長期持續地經營特定主題的目標受眾（Target Audience，簡稱TA）。例如：如果你是熱愛攝影的人，就可以透過經營自己的興趣

主題網站，累積對攝影有興趣的流量，觀看你網站的人通常比較願意購買攝影相關產品，就能跟攝影周邊品牌談聯盟行銷合作。因此，只要持續分享專業正確的資訊，並且分享真心推薦的產品，就能帶來穩健的收入。

不好的聯盟行銷方式

大家可能常在坊間看到一些聯盟行銷課程，有的課程講得好，有的課程卻鼓勵去複製抄襲別人的內容，是我最不推薦的方式。或者，同一個文案，放在各種平臺塞滿連結，這些對一般人而言都是垃圾資訊，並沒有為世界帶來真正的價值，只是搶下關鍵字排名，一旦被 Google 判定為作弊或抄襲網站，就會直接受到懲罰。這類聯盟行銷可能在短時間內創造很高的收入，但三個月後網站就完全消失，必須從頭來過，更重要的是，完全無法累積品牌價值。

如何靠聯盟行銷賺大錢？

一開始因為我很愛網購書籍，無意間發現博客來有2%的回饋，因此開始接觸聯盟行銷。有些人透過聯盟行銷的分潤來經營事業，有可能經營旅遊網站，透過導購旅遊產品

來創造收入，有可能經營攝影網站，透過導購攝影周邊來賺取收入，也許是經營架站教學網站，透過網址申辦與主機出租來賺取被動收入。

既然聯盟行銷的本質，就是成為產品在網路上的通路，那麼應該怎麼做，才可以讓自己賺取到聯盟行銷的財富呢？又該如何讓這樣的財富長長久久，而非曇花一現？

Step.1 收入長期穩定的關鍵：
請開始轉換思維，你經營的是通路店面，不是網站。

思維是一切的基礎，即使同樣是擁有網站，只要思維不同，就可能會發展出截然不同的商業模式。

假設你認為自己是媒體，那麼網站就得像媒體，追蹤時事、創造話題，可能會是你經營的方向，收入來源可能來自於廠商業配與 Google 廣告，目標追求的是大型流量與知名度，你的網站前身是各大報章雜誌。

如果你要做聯盟行銷，就要將自己變成通路店面。你是旅行社？你是便利商店？你是攝影器材店？你是光華商場？你是屈臣氏或康是美？想清楚你要經營的店面是什麼？而這樣的店面有誰會來購買？那群人又在哪裡？

唯有轉換思維，才不需要擔心供應商改變傭金比例與行銷政策，擔心自己的傭金收入是否受到影響，也才不會過度依賴少數的產品銷售來支撐營收。一個好的通路能確保

在精準客戶前的不可取代性，產品的豐富性是它帶來的最佳好處。方便的地點就像是網路的選品，也能為自己累積忠實的客戶，而不必擔心受制於品牌廠商的流動。

假設你的部落格或網站是藥妝選品店，你不會看到藥妝店跟風跑去報導知名政治人物，也不會看到藥妝店在那邊賣雞排，他們專注在自己的客群與用戶，提供最適合的服務，所以你只會看到換季保養大折扣，只會看到最新流行的保養話題。

Step.2 吸引消費客群的關鍵：
確定你的客戶是誰，也就是設定精準目標受眾（TA）。

既然選擇了這條路，那麼就來聊聊怎麼成就這門生意吧！這世界上所有賺錢的事物，背後都有個待解決的需求，只要提供解決問題的方法、服務或產品，就能為自己賺取收入，找到這群需要你的客戶非常重要。

舉例來說：假設我們經營的是玩具網站，你應該去哪裡找到 TA 呢？也許是網路論壇，也許是 PTT 模型版，也許是相關的 SEO 關鍵字，也許是網路媒體。長期累積與你的網站有關的內容，並且在各家相關媒體曝光，就能大大提高來客量。注意，我們在乎的不只是流量，而是「潛在消費者」的流量，小眾市場通常擁有最高的利潤，如果你是從個人工作者開始經營，建議鎖定專屬於你擅長的小眾流

量。

練習著相信數據更勝於感覺，網站的基礎流量建立起來，也可以試著從裡面的流量輪廓，找出更多適合的衍生商品；例如，我經營個人部落格時，當初以歐美旅遊為主要 TA，結果意外發現與歐美精品的消費族群有高度連結，便開始經營相關的衍生主題。

Step.3 提高營收利潤的關鍵：建立最短成交路徑。

既然是門生意，自然就建立在買賣之中。比起媒體式經營重視流量與吸引眼球，想創造更多的頁面停留；通路式經營重視的是最短成交路徑，越快外連到銷售頁越好。

媒體式經營喜歡聳動的標題，並且喜歡利用奇數數字的總結，來吸引民眾點擊。如果是爭議的人物或話題會更好，他們可以因此帶動討論度，進而產生轉發式的分享。

通路式經營的模式，其實可以參考各大電商的做法，不論是網頁配置、導流模式、SEO 優化的關鍵字規畫，喜歡資訊類標題，利用需求關鍵字做布局，都能吸引有相關問題的民眾點擊。民眾如果讀到文章內有能解決問題的方法，就可以立即成交產生訂單，為你賺來聯盟行銷的佣金收入。

但是，魔鬼藏在細節裡，為什麼做足了這些，轉換率卻不見提升？

我剛開始做聯盟行銷時，雖然有收入，卻只能勉強過活，後來在不增加內容的情況下，收入一路成長三到十倍。最大的關鍵點，就是做了最短成交路徑的優化。每一次的分頁點擊，轉換率約1％，過多的分頁雖然會增加一倍流量，但會降低轉換率99％。因此，只要成交需要超過三個分頁，就能讓流量成長三倍，但是轉換率降到百萬分之一。這就是為什麼從一開始確定商業模式很重要，**你要追求的是流量，還是高轉換率？這兩者之間可能是互斥的。**

每多一個連結，感覺畫面與資訊會看起來更豐富，但是，越多選擇會造成更多的選擇困難，**每多一個選項，轉換率都會等比下降。**一個選項，只有兩種可能，點擊或不點，轉換率50％；兩個選項25％，轉換率再減半；三個選項12.5％，依此類推。

每個連結的位置都應該是有意義的，在網路行銷領域裡，頁面設計與轉換率有高度相關，配合人類閱讀習慣，由左至右，由上至下，我們稱為**F理論**。也就是說，左上角的轉換率可能超過80％，右下角的轉換率可能低於1％，因此調整自己的獲利最高項目在左上角，經常是提升轉換率的重點。

這是一個說破了不值錢的故事，但就是這些重要觀念與小技巧，讓我的聯盟行銷收入累積了數百萬元，希望能為各位帶來啟發。

不藏私分享蕾咪的
14種被動收入：
實務面與優缺點最新深度分析

在我第一本書《小資族下班後翻倍賺》的後記，曾經分享了自己的11種被動收入來源，隨著時間累積，收入類型也逐漸增加到14項。接下來更新的內容，繼續深入探討這些被動收入的實務面與優缺點，方便大家更精準評估，挑選適合自己的被動收入。

1.
Google Adsense 流量收入

部落格與YouTube頻道都會有廣告收入，這些廣告會隨著流量的增加，帶來一些被動收入，大概一個月會有幾

萬元，雖然不高，但這是我早期擁有的被動收入之一。有些朋友的網站，每個月的流量是 1 百到 2 百萬，所以光是 Google Adsense 收入，每個月就有十萬起跳！

實務面：這種收入打造起來並不容易。一般來說，每千次流量的單位價值約爲 1 到 3 塊美金，如果主題含金量高，打造精準流量，就有機會來到 3 到 10 塊美金之間。由於網路事業大都受到演算法的影響，因此收入也會隨之起伏。

優點：在流量穩定的情況下，收入大都穩定。

缺點：以相同流量的前提下，所得到的收入金額較低。

2.
聯盟行銷

這是我主要的收入來源之一，如果你的網站或自媒體能創造導購，就有機會透過聯盟行銷賺取可觀的收入。假設社團內擁有 10 到 20 萬的社員，在分享產品資訊後就能創造更多銷售，但我們並不需要爲了想賺更多而推銷更多，推銷的時間與精力可能是差不多的，但會隨著會員的累積，增加導購的收入。我曾經耕耘過的聯盟行銷領域，包含金融、精品、旅遊。過去我是從歐美旅遊內容起家的，所以初期有大量的被動收入，都是來自於旅遊產品的導購分潤。

實務面：聯盟行銷收入會受到產品供應商的政策影響，許多品牌商在一開始的產品推廣期，會投入比較高比例的聯盟行銷佣金抽成，吸引許多網路業務員加入，但是隨著品牌知名度提高或市場高度競爭，佣金就可能隨之遞減，因此多數聯盟行銷的產品紅利期，會在前面幾批推廣者身上。建議建立自己的利基市場，並以成為強勢通路為目標，才不會因為品牌供應商的轉換而影響到收入。

優點：不用囤貨、不必處理金流與物流，只需要專注進行銷售轉換的部分。

缺點：隨著品牌市占率提高與競爭者增加，可能會讓收入開始下降。

3.
網路廣告版位出租

我小時候的夢想是當包租婆，剛出社會之際，發現自己根本買不起房。有一天突發奇想，網站不就是一棟在網路上的房子!?當我經營的網站開始有了流量，就會有許多廠商希望在網站裡搶到版位，每個月願意固定支付租金，就可以當起網路包租婆了！

雖然一開始金額並不多，我的第一個廣告版位出租的收入，每月租金是 1,500 元，但是被動收入的重點不是金額多

寡，而是「能不能累積」。隨著流量提升或商業合作機會增加，光是廣告版位出租就能帶來可觀的收入，像知名的房地產網站，光一個版位每月租金大概就要10萬元！

實務面：在網站初期不被注意到時，很難有廣告版位出租的收入，甚至品牌廠商不見得知道你提供類似服務。因此，可以先在預留的廣告版位處，放上自己的廣告招租介紹，讓別人知道你提供相關服務，進而與你聯繫；也可以透過同行轉介，增加自己的曝光度。雖然廣告版位出租是以月計費，但是我們通常採取年約的方式，每次收取一年的費用。

優點：如果具備品牌知名度，廣告版位出租收入比較不會隨流量起伏，相對穩定。

缺點：在網站未擁有特定領域知名度時，較難產生收入，廣告太雜可能會造成主題失焦。

4.
創作者授權金與智慧財產（IP）衍生收入

若有客戶或品牌，需要使用到你的原創內容，像是照片、文字、聲音、影片等，我通常會依照月分、使用時間長短來收取授權金。通常授權期間為半年、一年，最多三

年，如果是十年以上，客戶可能會選擇用買斷的方式，而不是跟你談長期授權。單一作品的授權收入有限，但是如果持續發展，就會變成更多樣化的智財衍生收入。

常見的幾種授權衍生收入，包含出書版稅、作詞作曲、歌手演員、故事小說等，領取版稅期間可長可短。書籍出版要看是屬於長銷型還是短銷型，長銷型的書有工具書、改變世人的啟發性觀點、故事小說，短銷型的書通常為緊扣時事議題或流行主題的書；通常出書的效益，名聲大於金錢，但它始終是個被動收入，不少世界名著一賣就是幾十年。

常見的智慧財產權，包含音樂類的作詞、編曲與歌唱，文字類的書籍、編劇與小說，影像類的繪畫、設計與攝影，影音類的配音配樂、表演與導演，衍生出的肖像授權也有相似特質。

實務面：大部分依賴智慧財產創造收入的人，前期都比較辛苦，因為需要大量累積作品才有機會被看見。如果想更快取得成績，聚焦自己的品牌定位，並找到同業成功者討教是不錯的方式。作品價值由市場決定，隨著創作者的知名度提升，授權價格也會因此水漲船高。

優點：可以專注在創造作品並累積品牌價值。對創作者來說，屬於額外產生的收入。

缺點：知名度較為抽象，有時很難準確估價，大都由實際成交價決定。

5.
上市上櫃股票股利

這是我擁有的第一個被動收入。在我還是上班族時，就開始投資高殖利率的股票。股利在總資產還非常少的時候，很難支付你的生活，剛開始一年只能拿到幾千元或一萬元出頭，平均一個月一、兩千元，但只要長期累積，就能跟許多早期的資深投資者一樣，他們在投資十年、二十年後，單純只靠股利就有百萬年收，可以放心退休。

股票投資分析有多種派別，但收入來源類型就只有兩種：一種是資本利得，也就是股票價差；另一種是現金流，也就是股票股利。直覺來說，一般人會認為打造被動收入，專注在股票配息即可，實際上，如果該股票沒有穩定的資產增值，要財務自由會非常困難。因此，我們通常會優先選擇基本面較佳且具備成長價值的股票，並且輔以穩定配息的要素，透過長期穩定的投入，在市場起伏期間定期定額買進，在未來股票增值時，就能加速財務自由的速度。

舉例來說，在我甫出社會時，臺積電的股價約為 12 萬

元,假設殖利率為 5%,那麼每年將配息 6,000 元。我們在初期買了 5 張的台積電,所以每年配息總金額為 3 萬元,這樣完全不足以支付生活。然而,因為是長期投資,假設十年期間陸續再買進 5 張股票,累積至 10 張股票,這時股價成長到 60 萬元,殖利率 5%,每年配息總金額為 30 萬元,就已經超過基本薪資,而我們所領取的股利,可能已經超過當初股票入手的價格。

由於股票是大多數人比較有興趣也容易入手的被動收入方法,因此在我的第一本書《小資族下班後翻倍賺》,已詳盡分享如何入手臺股投資市場。在這本書的第二部,則會進一步分享如何入手美股投資市場。

實務面:理想上,我們都知道長期穩定的投資有機會累積股票股利的被動收入,但是一般投資者沒耐心長期持有同一張股票,也經常受到市場起伏的影響而賣出,或是因為急需用錢,而被迫出清股票。因此通常建議新手投資者,可以用資金分配的方式來規畫,一部分資金作為長期投資,另一部分資金作為短期操作。急需用錢時,則可以利用緊急預備金,避免影響到原訂的投資計畫。

優點:時間管理成本較低的被動收入類型,變現率也高,對銀行來說也是有價資產。

缺點:需要時間打造才能看出效益,若投資心態不健

全，很容易隨市場起伏而進出。

6.
銀行與外匯利息

雖然說銀行利息、外匯利息、債券利息並不多，但是打造被動收入時，「累積」兩個字要銘記在心。只要能夠積少成多，都值得打造。

通常利率越低的投資類型，風險也就越低，變現率也較高，因此在財務的資產配置上，仍會保留一定的比例配置在現金與外匯，放在銀行定存，作為緊急備用金。同時關注世界產業經濟趨勢，有時光是匯差就可能賺上10％左右，搭配利率一起操作，就可以帶來可觀的報酬。

我的個性趨保守，通常以主流貨幣為優先，像是美金、歐元、日幣、澳幣與人民幣等，若是風險承擔能力較高的人，則可以考慮南非幣等利率較高的幣種，但要留意避免賺了利差，賠了匯差。

實務面：不論是現金定存或外匯定存，都很容易讓積極型的投資人感到資金可利用率變低，進而想解約做其他積極的操作，但在資產配置的風險控管上，現金占據一定的重要地位。我們常說「現金為王」，在關鍵時刻總能為資

產起到一定的保護作用，因此強烈建議一定要保留緊急預備金，避免在市場低點被迫賣出其他潛在高報酬資產。

優點：風險低，保證回本，變現率高，可被銀行作為資產證明使用。

缺點：資產增值少，容易讓人失去耐心。

7.
加密貨幣

隨著區塊鏈 Web 3.0 技術發展，越來越多人開始關注加密貨幣與NFT投資。

相較於其他投資工具，加密貨幣屬於高風險投資標的，比起傳統的外匯貨幣，其特性更像是新創公司的股票。因此在評估加密貨幣是否值得投資時，由於不像傳統的股票經歷過嚴格的財務標準才得以上市，建議可以採用創投時的盡職調查（Due Diligence），來作為篩選基準。

盡職調查常見的項目，包含財務報表、未來營運規畫、相關營利預測、財務風險、股權結構、現金流及資產事項，還有會計政策等，在加密貨幣的投資領域，就像項目方背景、營運規畫、營利預測、財務風險、持有者分布、其他相關投資人等，其實大同小異。

以我來說，主要的資產配置多選擇主流公鏈貨幣，原因

是流通性較高，市場價值較穩定，像是比特幣、乙太幣、Sol 幣、幣安幣等，透過網格交易或鎖倉套利的方式，在該加密貨幣盤整時賺取利差，作為被動收入來源。在此要特別留意，加密貨幣的起伏非常大，常常動輒價格腰斬或翻上十倍，因此在資金配置上，我會將比例降到最低，用即使全賠也沒關係的錢來投資。由於加密貨幣是以科技開發為基礎的貨幣，因此我也會投入一些看好的新科技應用趨勢，同時關注世界大型投資銀行的投資標的作為挑選基準，小資金布局一些有潛力的爆擊項目。

實務面：加密貨幣的投資知識門檻較高，需要比較多的知識基礎，才不容易造成虧損。在投資加密貨幣前，由於去中心化的特性，所有管理資產的權利義務回歸每個使用者本身。建議先了解一些資安觀念，才不會因為不當的操作，造成錢包資金被搬空，血本無歸。

因為市場尚未成熟，因此建議新手以世界百大加密貨幣為投資標的，盡量避免碰觸不知名的加密貨幣，因為 90%以上可能是詐騙。交易所也以世界前十大為主，在臺灣的加密貨幣交易所，可以優先選擇與銀行合作有信託保證的，提高資金的安全性。

優點：以小搏大機會多，有機會找到翻倍或十倍、百倍的投資項目。

缺點：市場尚未成熟，潛藏許多投資陷阱，知識門檻較高。

8.
NFT 非同質化代幣

相對於同質化代幣（FT），也就是前面提到的比特幣與乙太幣等加密貨幣，非同質化代幣（Non-Fungible Token，簡稱 NFT）是一種區塊鏈數位帳本上的資料單位，每個代幣可以代表一個獨特的數位資料，作為虛擬商品所有權的電子憑證。

由於 NFT 不可交換的特性，在科技應用面經常作為數位資產，例如：畫作、藝術品、聲音、影片、遊戲裝備或其他創意作品，同時也有國家將其作為居留證識別或企業作為會員識別等。雖然作品可被無限複製，但在鏈上可被完整追蹤來源，因此能為買家提供所有權證明。

我個人非常喜歡 NFT 的技術應用，因此特別關注這個領域，同時也在 2022 年 2 月 22 日首波發行了自己的 NFT，稱為《貓爾族王國》，結合我喜歡的設計概念，並以此作為虛實整合的商業應用。有興趣的人可以輸入 Milkyway.com.tw 網址了解更多。

NFT 技術解決了兩個過去我個人很關注的議題，一個

是關於數位作品產權的問題；我本身曾當過攝影師與插畫家，但是作品經常被大量盜用又無從追溯，而NFT技術在作品多次轉賣後，原創者仍可收取一定的版稅。另一個是關於遊戲裝備的買賣，我從小就是個重度網路遊戲玩家，過去常常需要透過第三方交易平臺，才能交易遊戲中的稀有裝備與寶物，透過加密貨幣與NFT的結合，讓投入遊戲的產值交易更加直覺。每個NFT提供的賦能不同，不論是持續提供免費產品、獎勵或是資產增值，都讓NFT具備了被動增值的特性。

實務面：目前在市場上的NFT應用大多分為三種類型，包含身分識別、藝術品、遊戲裝備，因此同時跨足了會員管理、藝術投資與遊戲產業等領域，而NFT本身的價值由社群共識所決定，因此市場若恐慌，就可能會造成價格崩盤。

投資NFT分為兩個階段：第一階段為鑄造階段，有機會獲得較低的成本價格，第二階段為二級市場，發行量與地板價是一般投資人比較在意的點。相較於加密貨幣類似新創股票投資，NFT投資對我而言更像是房地產投資；鑄造階段直接與項目方購買，像是跟建商直接購入房產，而二級市場就像跟其他屋主購買，不論是行銷策略與賣家心態都非常雷同。

優點：由於仍在市場初期，因此很容易打破同溫層透過社群NFT認識不同領域的佼佼者，虛實相關應用具備可發展的潛力。

缺點：流通性較加密貨幣低，容易有一窩蜂的現象，而高估某些NFT的價值。

9.
儲蓄險、年金險配息

儲蓄險大都是投資性格較保守的人主要的資產配置，如果是以儲蓄險為投資項目的人，要注意避免買了太多儲蓄險，而讓資金調度發生困難。

大部分的儲蓄險在到期年N+1前，利息都會低於一般定存；也就是說，假設是3年期儲蓄險，建議至少4年以上再動用；6年期儲蓄險，至少7年以上再解約，報酬才不會低於一般現金定存。

儲蓄險最大的優勢在於鎖利，假設我們明確知道市場將會降息，那麼這時候可透過儲蓄險的方式，將利率鎖定在一定的水位。常見的應用則在財產傳承規畫上，透過儲蓄險可以達到節稅的效益。

實務面：想購買儲蓄險，如果是單筆資金，建議可以選

擇躉繳型儲蓄險。儲蓄險很適合作爲夢想基金，例如，想在三年後出國留學、六年後存到頭期款買房，若有相關的財務規畫，則可選擇三年期或六年期爲主，避免太長的年期，造成無法繳完而產生本金虧損。若需要和銀行貸款，儲蓄險也可被銀行視爲資產證明。

優點：風險低，保證回本，變現率高，可被銀行作爲資產證明使用。

缺點：資產增值少，等待時間長，容易錯失機會成本。

10.
創業成立公司、投資新創公司

自己創辦公司，等到公司運轉成熟穩定時，就能每個月爲自己創造被動收入，而你就是這家公司最大的股東，因此能分到最多股東分紅。

然而創業難度較高，90%的新創事業活不過5年，要能夠轉變成穩定的被動收入，需要具有建立商業模式、打造團隊、系統化的能力，才有機會讓這樣的收入持續運轉，進而轉交給專業經理人來經營。

除了自行創業外，我也開始陸續評估投資其他朋友新創的公司，包含酒吧、健身房、設計公司等，提供啓動資金、人脈資源與諮詢建議，幫助他人的事業發展得更快

速，這讓我非常有成就感。隨著商業顧問諮詢經驗累積越來越豐富，也開始有越來越多新創企業邀請我以顧問股的形式加入，輔導他們在事業擴大期間能有明確的方向。

實務面：創業初期投入的資金與時間較高，大多數創業都不輕鬆，而且成敗風險也高，因此成功率較低，但是如果成功，獲得的報酬會非常可觀，這也是創業動人的地方。如果希望增加創業成功率，全心投入與大量學習是必須的。如果你已經是創業家，那麼要將事業轉為被動收入的必要過程，就是學會抽身，讓團隊與系統代替你完成任務。

優點：如果成功，報酬率非常高，有可能就此翻身。

缺點：需要大量投入，失敗率較高，一般人難以實現。

11.
房屋出租

最經典的被動收入莫過於房屋出租，因此成為包租公或包租婆也是許多人的夢想。臺灣地狹人稠，房地產的剛性需求極高，也造就了許多人的夢想就是買房。

出租房產的選擇以地點為主，通常會看重附近的生活機能與工作機會。想賺取房屋出租的收入，現金流規劃是我

們的重點，因此在房屋貸款時，會積極申請寬限期與房貸年限延長。

持有房產的好處很多，包含可以透過房產作為資產證明，在未來有意操作槓桿時，可以透過較低的利率獲得資金，進而創造出更多財富。

比起投資新手選擇透過高利信貸的方式獲取資金，透過房產從銀行借貸現金的風險較低。如果房屋增值，可以享受房屋漲價的益處，還可以在不賣掉房屋的前提下，跟銀行申請轉增貸或理財型房貸，提升資金使用彈性。

實務面：房屋出租之前，需要預留一筆資金做屋況整理，包含從簡易裝潢、家具家電採購，到上架招租。出租後也需要處理房客的需求，包含催繳房租、水電修繕等，這些都是身為房東需要處理的事情。在沒有經驗的情況下很容易變得瑣碎，這時可以選擇委託專業的代租代管，節省不必要的時間浪費。

優點：非常穩健的被動收入類型，可透過槓桿方式進行操作，是銀行最喜歡的資產類別。

缺點：初期投入資金門檻高，若是投資錯誤，遭受的損失也較大。

12.
民宿經營

目前我所擁有的其中兩間房產，第一間出租，第二間已經完成民宿登記營業。

經營民宿算是我的小夢想，希望可以跟大家分享我眼中的家鄉，因此買下了臺東的房子作為民宿。幸運的是在今年得以實現，雖然中間遭遇許多意想不到的問題，不過也是一次經驗。經營民宿需要合法民宿登記，中間得等待一段時日，才能順利營業。在申請過程中，將會檢查建築的使照圖作為是否增建的依據，也會檢查消防相關規定。我在申請民宿的過程中，因為公部門的效率低落而受到很多阻礙，進而延宕了民宿申請將近半年左右，這段時間所產生的現金流虧損都要預先規畫，才不會讓資金太過吃緊。

除了買房的頭期款以外，包含申請民宿登記、裝潢翻修、家具家電選購、毛巾沐浴備品等，都是民宿開張前需要支付的費用。開業後，除了管家的薪水外，需要定期支付清潔費與清洗費、補充消耗型備品、設備毀損翻修等，這些都是民宿的常態性支出，需要一併列入考慮。滿租率通常抓的理想值為 50%，以週末為主，如果遇到連續假日，價格則會調漲為 1.5 到 2 倍。如果有穩定攬客，民宿通常會成為不錯的現金流收入。

依據發展觀光條例，利用自用或自有住宅，結合當地人文街區、歷史風貌、自然景觀、生態、環境資源、農林漁牧、工藝製造、藝術文創等生產活動，以在地體驗交流為目的、家庭副業方式經營，提供旅客城鄉家庭式住宿環境與文化生活之住宿處所，規定不可在都市土地，因此直轄市不可申請民宿登記，客房數必須在8間以下，如有景觀，則可以申請到15間。

實務面： 經營民宿初期知名度不高時，很有可能會有半年到一年處於虧損狀態，要等到客源或口碑穩定後，才能夠產生穩定的現金流，最常見的攬客方式有Booking.com、AirBnb、Google 地圖、粉絲專頁、官方 LINE 帳號等方式，這些都是一般民宿業者主流的攬客方式。

當然，我們也會與同業建立關係，如果客滿就互相轉介，照顧彼此的生意。同時和其他在地店家策略聯盟也是很好的方式，像是機車行、早餐店、船務公司、景觀餐廳等，都能透過互相轉介的方式累積生意。

優點： 如果能穩定攬客，可創造的正現金流會比單純的住家出租高上許多。

缺點： 如果不熟悉民宿產業或挑選地點不佳，可能會造成營運困難。

13.
線上課程

　　只要在初期投入時間，規畫課程，之後就能利用廣告行銷的方式，自動產生銷售與進帳。坊間有非常多線上課程，如果只是單獨賣一波，其實不算完全的被動收入，只能算半個被動收入。如果能在網路上持續販售，並且提供後續服務，才算是健全的被動收入。

　　實務面：線上課程要能夠成功銷售，除了市場需求定位明確之外，講師本身的品牌信任度非常重要，因此在銷售課程前，大多數的講師已經在業界累積不錯的名聲，或是在網路上具備一定的口碑。

　　線上課程的製作成本大約20萬左右，同時需要考量到行銷推廣預算，這樣估算整體的成本較為合理。即使已經開設過實體課程，也需要做轉化才能變成適合線上分享的形式。訂價則根據平臺定位、課程難易度、講師知名度，從數千到數萬元不等。

　　優點：有效的將專業知識與智慧財產轉換為財富的方式，初期本金較低。

　　缺點：需要花費許多的時間耕耘知識，同時也需要足夠了解課程行銷等知識。

14.
會員收入、付費訂閱

對我而言，會員收入與付費訂閱比較像半被動收入，雖然不像單純的勞動收入那樣，停止工作收入就立即消失，但也需要持續提供會員服務或訂閱內容，才能確保收入得以持續。如果要將會員收入與付費訂閱轉變成被動收入，通常需要打造團隊與建立系統，才不會讓自己落入更加忙碌的窘境。特別注意的是，有別於單次服務，會員收入與付費訂閱的優勢在於會員名單可累積、服務系統可累積、資訊內容可累積。隨著會員數提升，收入與日俱增，因此會員名單是非常重要的資產。

假設我們提供的是軟體服務或顧問服務，這些服務在創建初期最為辛苦，但是隨著客戶的增加將能持續優化，直到後期所需投入的成本會大幅減少，也就更趨於被動收入的形式。例如：每個月承諾付費訂閱的會員提供幾篇乾貨文章，工作量並不會因為會員人數變多而改變，但若是會員持續增加，收入就會跟著變多。雖然有一定程度的工作量，但是只要打造團隊或系統代為執行，就可以變成我們所認知的被動收入。

實務面：初期打造會員收入並不容易，必須要有長期作

戰的心理準備，包含提供長期提供服務與內容，需要精算是否會因為長期經營，反而產生虧損，或是能因為長期累積會員數量，而有效規模化。在提供會員服務與付費訂閱之前，建議先完成標準化分析，建立好專屬的SOP，以利未來規模化所需要的準備。創造財富的本質從未改變，只要能有效幫助他人解決問題，就能透過提供相關服務來賺取金錢。

優點： 透過前期打造來創造後續長期穩定的收入，因為具備規模化特性，所以能創造影響力。

缺點： 根據產業不同，難度會有些許落差，要達到可觀收入，具備較高的門檻。

試試看：
從以上的選項中，挑選幾個自己有興趣發展的被動收入來深入鑽研。

1-10
如何同時打造
多元被動收入？

$$\$ \ \text{€}$$
$$\yen \ \text{£}$$

　　許多人看到蕾咪有多重被動收入來源，總是很好奇我是如何兼顧主動收入與被動收入，或是如何維持生活平衡，同時經營與家人朋友的感情關係。

　　我最常使用的策略，就是攀岩時常說的「三點不動，一點動」，看似多種被動收入，但是他們的打造時期並非同時發生。對我而言，**打造被動收入主要分成三階段，分別是計畫階段、打造階段與維護階段**。在計畫階段與維護階段，我只會個別付出10%的心力，而在打造階段則需要80%的投入。

打造被動收入的三階段： 計畫、打造、維護

以下提供我常使用的表格，幫助你盤點現有的資源，更容易聚焦在重要的事情上。

在每個時期，永遠都只有一個打造階段的項目。直到前一個項目的打造階段完成，進入到維護階段，也就是領取被動收入的階段，我們所需要的資產管理心力降低時，才會再打造下一個資產、創造下一個被動收入來源。

圖表 1-5：打造被動收入的三階段

階段	資源分配	執行事項	所需時間	資金	關鍵角色
計畫階段	10%				
打造階段	80%				
維護階段	10%				

1-11

收入的三種類型：勞動收入、 印鈔機收入、資產收入

　　每一種被動收入在打造的過程，需要投入的資源不盡相同，以下分享常見的收入類型，各自在「打造階段」所需投入的資源比率，包含時間與資金。

　　投資理財的本質，就是一場資源分配的遊戲，明確理解自己現有的資源，以及如何善用資源，是最重要的功課。

　　初期，我們大都以勞動收入為主，透過時間來換取金錢。當逐漸累積了資金，才有機會開始打造自己的印鈔機收入，接著透過印鈔機累積了資本以後，就有機會打造自動化資產收入，也就有機會創造擁有被動收入的財務自由人生！

前期：
勞動收入，用時間換錢

投入資源：100%時間，0%資金。

優點：錢來得快、光鮮亮麗。

風險：人會老，學習能力變弱，體力也會變差。

以一般上班族的薪資收入為例，收入評估的標準，往往來自於主管的考核；自由工作者的案件收入，也依賴客戶的穩定度；表演工作者或網路創作者的活動通告與演藝表演，也會隨著知名度與人氣度的起伏而增減；專業人士的專業服務、課程演講與顧問諮詢，也都與市場有強烈的連動關係。這些都能為我們創造不錯的主動收入，但是始終脫離不了，一旦發生意外或生病，就會讓收入受到影響的特性。

太過依賴勞動收入，就會太過依賴市場對你的看法，經濟狀況很容易不穩定。隨著年齡增長，你也可能活得越來越有壓力，因為大部分的財務決策點，都是來自於外在他人的評價，而非自己能控制的因素，活得會相對辛苦。單純的勞動收入要一直活在討好市場的狀態，較容易失去自我，或者是遇到收入瓶頸。

中期：
打造印鈔機，累積資金

> 投入資源：80%時間，20%資金。
>
> 優點：隨著知識經驗增加，會越來越輕鬆。
>
> 風險：打造印鈔機有時會徒勞無功。

累積型主動收入，製作一次產品後，可以重複銷售，像是出版書籍、發行單曲、流量影片、線上課程、聯盟行銷、產品設計等，都屬於此類。嚴格來說，我並未將這些視爲完全的被動收入，比較傾向歸納爲印鈔機，可以短期內創造大量資金，幫助我們後續打造資產。

打造印鈔機，印鈔機偶爾會壞掉，或者是用久了就是會耗損，如果之前累積了資金，卻沒有拿來打造更多的印鈔機或資產，當市場風向改變，就可能會發生收入驟減的情況。這時就需要面臨轉型階段，需要優化你的印鈔機，或打造新的印鈔機。

後期：
打造資產收入，建立自動化現金流

投入資源：50%時間，50%資金。

優點：資產能夠創造長期的被動收入。

風險：資金壓力較高，需要一段時間的耕耘。

　　打造資產收入需要的資金較多，如果想要創造眞正的自由，擁有穩健的現金流，我們的目標大都是透過前者的勞動收入與印鈔機收入，打造此類的資產收入，像是房地產租賃收入、股票股利收入等，因爲剛性需求與系統較完整，資產也會更加穩定。

　　剛開始還不能爲你賺錢時，可能需要依賴我們去研讀相關的知識。如果資金足夠，找到專業人士協助自己打造賺錢的資產是最有效率的方式；打造過程需要把握時機，越早打造好，就能越快賺回本金，也就越早享受資產現金流帶來的好處。長期來說，隨著資金的增加，我們會傾向於委託給專業人士來執行，將自己的時間放在自己最擅長領域，持續賺進更多的資金，或者是專注在管理個人資產，因此資金比例可能會提高至80%，而時間會越花越少，目標就是讓我們能夠買回自己的時間。

　　分享完以上幾種常見收入類型後，你更了解自己是正處在哪一類型了嗎？

　　接下來我們來聊聊常見的資產管理收入「股票」與「房地產」。

第二部
找到專屬自己的
投資策略
打造美股與房地產被動收入完全解析

2-1
盤點自己的
生活現況與型態

　　第一部介紹完打造被動收入的概念與多種途徑後，這一部我們特別提出大多數小資族最想入手也最爲關心的被動收入：「股市」與「房地產」投資深入分享。

　　股市投資方面，我在第一本著作《小資族下班後翻倍賺》已詳盡介紹臺灣股市的基本入門，在此會進一步介紹更進階的「美股投資」；房地產投資方面，我在前作也分享過大致的入門方法，在這一部則會完整解析，幫助你眞正做到。

　　在進入打造「美股」與「房地產」被動收入之前，想請各位先把焦點拉回到自己身上：**如果想要找到自己專屬的投資策略，最重要的第一件事就是「認識自己」**，透過盤點現況，包含生活型態與時間資金等，越是了解自己的生活，就越能找到適合的投資策略，提升勝率。

建議大家依據「目的」「時間」「資金」「投資工具」「投資頻率」，思考以下幾個問題，並且試著寫下來，可以幫助你們更看清自己的狀態：

圖表2-1：盤點自己的現況

我投資的目的是什麼？	這筆投資資金的目的，是為了增加資產、累積資產或退休規劃？或者是希望用來以小博大？
我擁有多少時間？	你希望把時間花在哪裡？你願意投入多少時間在投資上？
我擁有多少資金？	每個月投資多少錢？我願意付出多少資金？多少錢是即使全賠也沒關係？
我的投資工具是什麼？	你曾經嘗試過哪些投資工具？有哪些成功與失敗的經驗？有沒有哪個投資工具讓你覺得好學易上手？
我喜歡什麼樣的投資頻率？	一小時一次？一天一次？一週一次？一月一次？幾個月一次？半年一次？一年一次？幾年一次？

　　描述得越清楚，越能找到適合自己的投資方式，也越能探索出適合自己的投資工具。

　　大多數時候，並不是因為我們沒有投資天分，而是還沒遇到適合自己的工具。例如，我有個朋友熱愛操作期貨，可是要他投資房地產就痛苦得半死，覺得等待期太長；有的朋友喜歡操作房地產，要他投資股票就開始夜夜失眠，無法安心入睡；有的人喜歡積極地每天當沖盯盤；有的人喜歡慵懶地價值投資。

　　只要找到符合自己性格的操作模式，就能體驗到自然而然就賺錢的幸福。

2-2
利用科學方法
找到適合自己的投資策略

　　我鼓勵投資新手可以透過小額資金，開始多方嘗試不同的投資工具，找到一個有興趣的領域後，再開始好好鑽研。

　　如果想驗證這種投資方法適不適合自己，可以從工程科學領域經常使用到科學研究方法下手，透過一系列科學步驟，就能釐清並驗證是否可行。

　　常見的科學研究方法基本步驟，包含以下幾點：

　　1.進行觀察。

　　2.提出假設。

　　3.設計並執行實驗，來檢驗假設。

　　4.測試假設，分析你收集到的數據。

　　5.確定是接受還是拒絕假設。

　　如有必要，提出並測試一個新的假設。

為什麼需要透過科學方法找到適合的投資策略？大部分的人投資都喜歡憑直覺與感覺，隨著情緒起伏，常常在牛市覺得自己是股神，到了熊市就懷疑人生，有時賺錢，有時賠錢，起伏不穩，好像投資只能高度仰賴運氣，我們無從努力似的。

事實的真相是，投資其實是很無聊的事，當你找到適切的投資策略，不停重複一樣的行為，就能幫助你穩穩地從市場賺到錢，**寧願賺錢賺得很無聊，也不要賠錢賠得很精采。**

因此，如果有系統地將投資經驗記錄下來，並且分析實驗數據，也就是我們實際的投資績效來驗證結果，就能慢慢找出確實有效或無效的策略，進而為自己建構出一套完整的投資邏輯與方法。

如果真要說過往的工程師背景為我帶來什麼好處，我想最重要的就是**邏輯思維**與**科學研究方法**。

第一步：進行觀察

在觀察階段，我們會收集所有現有的市場情報與資訊，並且嘗試找到一個適合實驗的策略，選定主題後，找到觀察的結果，直到一個可測試的想法出現後，就能開始進行下一步。

舉例來說，假設我目前希望以美股作爲投資標的，這時我可能會閱讀很多相關知識，並且開始思考自己應該採用哪一個投資策略。到底是傑西・李佛摩的順勢交易策略，或是巴菲特的逆勢交易策略呢？又或者應該嘗試所謂的再平衡策略？慢慢就會出現一個可測試的想法，像是測試價值投資策略適不適合我？

第二步：提出假設

假設是用來預測未來觀察結果的描述，例如，陽光的位置會影響向日葵的方向？美國升息會影響到市場資金的流動，造成美股大跌？烏俄戰爭會造成糧食大漲？雖然綜觀市場變化，我們知道不會由單一因素決定市場漲跌，但仍然可以練習觀察國際趨勢與重要的政經新聞，多思考一下，這件事情會造成什麼影響？進而造成什麼樣的市場變化？

在設計實驗前，控制變量是非常重要的步驟，因此也可以盡量挑選問題較爲單純的假設，例如從一籃子半導體產業股票當中，挑出二者來做比較，觀察同一種變因。

第三步：設計實驗

測試假設的方式就是設計實驗，透過實際的實驗數據來驗證你的假設是否正確。

以我為例，我想要驗證美股投資策略時，就選擇投入了約臺幣 100 萬元，分批進場挑選股票，並且以一年為期做實測，確認自己的投資策略是否能有效獲益，或有需要修正的地方。

在我第一次接觸加密貨幣投資時，也是設定一萬美元（約 30 萬臺幣）與半年的期限，進行投資策略的測試。實驗越單純越好，因此在標的選擇上，我們也會盡可能簡化，不在一開始做太複雜的配置。

第四步：測試假設

完成前面的實驗以後，根據實驗數據分析成功與失敗的原因。在投資領域的實驗數據並不複雜，一翻兩瞪眼，不是賺錢就是賠錢，將每次的投資計畫視為一場實驗，其實對於保持投資心態的穩定度，會有非常大的幫助。

既然是實驗，就不會過度迷信與依賴巧合，或是受到市場情緒左右，而可以更理性地探究投資策略的結果。

寫下的實驗結果，若並不直接與假設相關，這些可能讓

你找出無法控制的變量，以及其他值得注意的事件，而那些也許正是我們所遺漏或有欠考量的部分。

第五步：接受或拒絕假設

對許多實驗而言，結論是透過數據的分析而形成的。

如果數據符合假設，那麼可以再多做幾次實驗，做更多的數據統計分析，確定這項假設是實際可行的。如果假設與實驗結果不同也無所謂，可以選擇修正前面的假設，重新設計投資實驗。

例如，你原本預期的投資策略果然賺錢了，這時候可以多做幾次，並且確保在熊市也一樣有效，或者是否有相對應的避險策略，又或是你的投資策略賠錢了，那可以回到第二步驟，重新修正假設，再繼續設計一組新的投資實驗。

身為德州撲克愛好者，對我而言，投資就跟玩撲克牌一樣，手頭會有初始籌碼（資金），透過每次的下注爭取開牌（投資）機會。但是，當這次手牌勝率太低時，寧願保留籌碼等待下次出手的機會，也不會輕易浪費；同時，為了確保在錦標賽（投資市場）存活到最後，會盡可能地分散手頭的籌碼，確保自己不會提前淘汰。

　　基本上，不論是任何領域的投資，我都是用同樣的科學研究方法步驟來驗證，慢慢投入，並且持續實驗，直到找出屬於自己的穩健投資策略。

　　在《小資族下班後翻倍賺》書中，我們主要討論如何提升月收入與存到第一桶金，以及各種投資理財的基本功；然而在這裡，我想專注分享的是，存到第一桶金以後，又該如何有效地讓資產持續增值，並且達到翻倍的效益。

　　接下來，我會分享過往科學化投資策略的實際經驗，希望可以帶給你們一點靈感。

2-3

美股投資

臺股的基本概念與投資策略類型，我們在上一本書《小資族下班後翻倍賺》已有詳盡的分享，方便大家可以有意識地挑選適合自己的類型入手，接下來會進一步談如何進軍美股。

投資美股的難度其實並沒有比臺股高，差別只在於申請開戶與語言資訊的差異，事實上，以資金的角度而言，美股以一股為單位，折合臺幣只要幾千元，就能買下知名企業的股票，更能顯現分散投資的效益。

常有人問我為什麼考慮投資美股，我的答案是：「**臺股是湖泊，美股是海洋，如果想撈到大魚，就該往海裡去。**」

在美股市場中，你可以看見更豐富的選擇，舉凡谷歌（Google）、臉書（Facebook）、蘋果（Apple）、網飛（Netflix）與亞馬遜（Amazon）等科技公司、電動車領導廠商特斯拉（Tesla）、娛樂產業代表迪士尼（Disney），甚至餐飲業的星巴克（Starbucks）、麥當勞

（MacDonald's），都在投資之列。

如何挑選適合自己的美股券商？

投資最重要的是要了解自己，了解越多，就越能做出正確的投資決定。

在挑選適合自己的美股券商之前，我通常會建議大家可以採用以下三個問題快速自我檢視，你適合什麼樣的投資方式。

1.喜歡研究公司個股？還是喜歡研究產業指數？

· 喜歡長期投資，不常高頻率交易的人，可以優先選擇交易 ETF 免費次數較高的美股證券商，像是 TDAmeritrade、Firstrade 與 Scottrade。

· 喜歡短期投資，經常高頻率交易，多數美股投資人推薦使用 InteractiveBrokers，但是 InteractiveBrokers 每個月有10美元的手續費，所以要注意划不划算喔！

2.一個月內交易多次股票？還是屬於長抱型，數個月才交易一次？

· 高頻交易者：優先選擇低交易手續費的美股券商。
· 低頻交易者：以低管理費為第一考量。

3.對英文交易是否有障礙？還是傾向中文介面的券商？

由於中國經濟崛起，多數海外券商都提供中文化介面網站，但仍可能是英文客服。Firstrade因為創辦人劉錦杭是臺灣人，相較於其他美股券商更早布局中國市場，因此，目前以Firstrade中文支援度最高，包含提供中文客服。

美股三大指數

選好自己想要的美股券商並完成開戶以後，接下來就到了投資階段。

一開始許多人可能會對於琳瑯滿目的股票感到苦惱，甚至不知道該從何下手與判別市場趨勢，比起見樹不見林的過早鑽研個股，我更推薦投資可以由廣而深，也就是先練習判斷市場的整體趨勢，現在是屬於熊市或牛市，抑或是盤整期，再來決定預期投入的股票清單。

畢竟，風口上的豬也會飛，在牛市即使是新手都看起來都像股神，在熊市即使是高手都有可能摔個大跟斗。先判斷局勢，再決定手中的籌碼如何運用，並下好這盤棋，「謀定而後動」是投資最有趣的事。其中，了解美股三大指數是最快速判斷美股市場概況的方式之一。

▌什麼是「指數」？

所謂「指數」，就是透過一個數字就能了解整體市場的變化。股價指數的計算，就是將整體市場許多公司的股價表現反映到一個數字上。投資美股不可忽略這三大指數：道瓊指數（DJIA）、納斯達克指數（NASDAQ）、標普500指數（S&P 500）。

1.道瓊工業股票指數 |

Dow Jones Industrial Average（DJIA）

【創立年份】西元 1884 年。

【主要領域】以工業類為主。

【指數簡介】

在臺灣，我們通常簡稱為道瓊指數，新聞媒體報導的美國經濟概況，我們會聽到美股大跌 1,000 點或大漲 2,000 點，都是在說道瓊指數。

道瓊指數創立於 1884 年，也是全世界最為人所熟知的股價指數之一。創立年代是工業革命後一段時間，火車、汽車產業正剛開始崛起時，當時重要的股票也都屬於工業類股票。但如今道瓊指數的成分股大部分已與重工業無關，成分股包含 30 家在紐約證券交易所（NYSE）和納斯達克交易所的大型上市公司。

2. 納斯達克綜合指數 |
Nasdaq Composite（NASDAQ）

【創立年份】西元 1971 年。
【主要領域】以科技公司為主。
【指數簡介】
這是以科技公司為主的股票指數，尤其是品牌廠與網路公司比重相對更高，40％到 50％都是科技公司，像是蘋果、臉書、谷歌、微軟、思科、Adobe、Paypal 等，也包含消費、醫療保健、金融等產業。

3. 標準普爾500指數 |
Standard and Poor's 500（S&P500）

【創立年份】西元 1957 年。
【主要領域】美國 500 家大型企業。
【指數簡介】
全球股票型 ETF 中，資產規模最大的兩檔 ETF，也是以追蹤標普指數為主，其中成分股包含了谷歌、臉書、微軟、波克夏、亞馬遜、嬌生、JP 摩根、艾克森美孚石油，是美國股票市場中最古老也最具代表性的指數之一，也是最多投資人會參考的指數。

在美國最早出現的指數是道瓊指數，但因為道瓊指數只參考 30 檔股票，缺乏整體市場代表性，因此後來出現的標普 500 指數被廣為參考，追蹤多達 500 家知名企業，更能反映市場的整體狀態。

▌如何透過追蹤指數來投資？

在股票投資領域中，除了投資個股以外，投資指數是許多穩健保守投資人的選擇。

如果你跟我一樣屬於慵懶系投資人，不喜歡盯盤，而喜歡跟著市場趨勢走，每個月有固定投資預算可以定期定額投入，同時，這筆資金願意放置五年、十年穩健累積，那麼美股指數型投資可能就很適合你。

其中，指數型投資分為兩種，指數型基金與指數股票型基金（ETF），在此做個簡單說明：

1.指數型基金

世界上第一檔成功的指數型基金是「第一指數投資信託」，成立於 1975 年，也就是現在的「先鋒 500 指數型基金」，追蹤的指數為標準普爾 500 指數。由先鋒集團（Vanguard）創辦人約翰‧柏格（John C.Bogle）創立，成立的目的是用最便宜的成本，追蹤整體市場的報酬率。

指數型基金是開放式的共同基金，這類基金會選定某個市場指數，按照該指數組成來購買證券，持有標的完全依據指數決定，不需依靠經理人的主觀判斷，因此管理費通常較主動型基金低廉。

另外，指數型基金的交易成本通常比較低，也是因爲經理人只有在指數組成發生變動，或表現偏離指數太大時，才會調整持股，進出場次數很少。

2. 指數股票型基金（ETF）

指數股票型基金，又稱「交易所交易基金」，複製市場指數的組成來決定持有標的，同時具備開放式和封閉式基金的性質，管理費方面也較主動型股票基金低，也是被動式投資的好選擇。

ETF 的主要交易方式是像股票一樣，透過交易所向其他投資人買賣，因此 ETF 不但和共同基金一樣代表投資組合資產的「淨值」，也跟股票一樣有買賣成交的「市價」，而當市價和淨值不同時，就會出現折溢價的情況，市價高於淨值，稱之爲「溢價」；反之，市價低於淨值，稱之爲「折價」。

如何投資美股ETF並做好資產配置？

不論是《投資人宣言》或《投資最重要的事》這兩本書，都一再強調與分享投資基礎觀念，在此也簡要分享其中的「**再平衡**」觀念，希望可以幫助大家更快速入門。

因爲「再平衡」的投資理財觀念與我的投資理念不謀而合，非常適合以長期投資爲目標的人，因此，不論是任何的投資平臺，都可以用以下四點來判斷是否適合自己。

接下來，我將一一回答，並分享自己的做法：

1.**長期投資** vs.**短期投資，有何不同**？

所謂的投資策略，就是「在進場時，決定好什麼時候要出場。」

在我的投資定義裡，短期投資是一年以內的投資，長期投資是長達五年、十年以上的投資。

每一種投資策略各有千秋，目標與適合的族群也各不相同；根據不同的財務目標與人生階段，我們可能會做短期波段或長期累積兩種投資配置。這些都是好策略，沒有絕對的好壞；最怕的是鴕鳥心態：想要短期致富，卻遭股票套牢，只好久放當作長期投資。親愛的，那眞的不是長期投資，那就是被套牢啊！

以「長期投資策略」來說，蕾咪最推薦的莫過於「穩定

累積資產，定期再平衡」這組策略。

① 設定具體的投資目標。

② 長期投資並且做好資產配置。

③ 定期做好再平衡。

這樣簡單的策略，就可幫助我們做好長期投資。

2.資產配置應該怎麼做？

經常有人來詢問我「資產配置」的問題，希望可以找到一個通則，一體適用。事實上，我對資產配置的觀點非常嚴格，對我而言，並不是分散買好幾支股票就叫做資產配置，因為股票崩盤時，它們也會一起崩盤。

我會將資產配置標的分為「現金／外幣」「黃金／珠寶／收藏品」「房地產」「股票／基金／債券」「本業／其他事業」**等幾種不同類型，相互依賴程度越低，就越能做到有效的資產配置。**

如果本業極為保守穩定的人，可以在投資標的中拉高風險比例，適時提高報酬。我還是穩定上班族時，因為領固定薪資，所以我在成長型股票的比例拉得較高，可能占投資標的七成左右。

然而，當從事的事業較不穩定，例如：業務人員、自由工作者、創業家等，因為本業收入起伏風險較大，我在創業後，反而將投資部位轉往ETF、定存股與房地產等較為穩

健保守的投資標的,並且拉高現金水位,確保戶頭裡有足夠的周轉金。

資產配置應該以人生爲整體,讓自己整體的資產維持在進可攻、退可守的狀態,才是我心目中理想的資產配置。

3.什麼是再平衡?爲什麼需要再平衡?

在資產配置後,我們通常會根據目標來分配投資本金。

以長期投資目標而言,我的美股 ETF 投資策略大都是透過手動的方式,每年入場進行「再平衡」,確保可以確實做到「低買高賣」這種違反人性的策略。

爲什麼我們需要再平衡呢?一般而言,多數人會選擇「追高殺低」勝於「低買高賣」,在股市大漲時,更想要加碼買進,在股市大跌時,只想趕快逃離現場,這是人性本身的弱點,我們無法否認;而再平衡策略就是協助我們在股票獲取超額利潤時,賣掉一些,在股票跌到低點時,買進一點,爲了達成平衡,下意識做出低買高賣的行爲。

因爲市場永遠都會波動,利用市場必然波動的特性,再平衡可以幫助我們做到「均值回歸」。上漲的股票不會永遠上漲,下跌的股票不會永遠下跌,再平衡的「低買高賣」可以讓我們自然得到市場應得的報酬。

再平衡策略最大的特色是:不害怕市場波動,只單純在市場波動時,嚴格遵守低買高賣的動作。因此,這屬於存

退休金投資策略，因為保本最重要。

如果你是傾向穩健地讓資產增加，願意長期投資、不喜歡盯盤的人，就非常適合這組策略。相反的，如果喜歡炒短線，希望短期致富、以小搏大的人，就比較不適合喔！

分為三部分：

第一，存退休金，放在長期投資帳戶，利用再平衡策略，長期累積資產。

第二，賺趨勢財，根據價值投資的財報分析，挑選有信心的公司，賺取波段成長。

第三，賺投機財，透過短期投資策略，增加投資樂趣，但是金額比例放得非常低。

以我的策略為例，第一部分資金就很適合放在美股ETF裡頭，隨著年紀增長，會自動調整這三種投資部位的比例。以30歲為例，我可能會在退休帳戶放入30％、波段帳戶放60％、投機帳戶放10％。當然，這是根據我的人格特質來分配最舒服的比例，你也可以慢慢摸索出適合自己的方式。

4.投資平臺的收費方式

大部分投資平臺的收費方式大同小異，每一種方法也各有優缺點，主要有三種類型：

①交易手續費：通常根據買賣次數收費，基金管理平臺最常見的收費方法。優點是看起來收費不高，缺點是理財專員可能為了賺取更多手續費，所以希望你做更高頻率的買賣，而且你的賺賠與他們無關。

②點差：也就是買賣差價，類似匯差的概念。透過買賣價的不同，而有不同的價差。同理，也會因為交易頻率的增加，而使得交易成本提高許多。

③資產現值抽成：這樣的收費方法比較少見，原因是通常敢這樣收費的平臺，要有信心投資人的資產會穩定增加，因此資產現值算是與投資人站在同一條船上的做法。簡單來說，你賺越多，平臺也賺越多。

分享到這裡，我希望大家不管選擇什麼樣的投資平臺都好，都可以思考這些問題：

· 我投資的目標是什麼？

· 這是長期投資或短期投資？

· 進場時是否做好了完善的資產配置？

· 投資平臺的收費方式是否合理？

· 進場時是否想清楚什麼時候要出場？

只要能夠精確回答以上問題，我相信你的投資勝率已經大於許多人了。

美股如何看盤？

如果是短線投資為主的投資人，可能需要配合美國時間，在每天晚上九點至凌晨四點看盤。我自己是屬於慵懶型投資人，老實說，我投資美股從來不盯盤，頂多隔個十天半個月打開手機APP，看看股票淨值的變化，確定一下是否需要加碼買進或持續觀望；如果是投資美股ETF，看盤的頻率會變得更低，大約每三個月到半年進行再平衡時，才會在入金加碼的同時進行操作。

以下提供美股市場基本資訊供大家參考。

1.美股交易時間

【美國股市交易時間】9：00 a.m. ～ 04：00 p.m.
【對應臺灣股市交易時間】
夏令時間：三月中～十一月中（09：30 p.m. ～ 04：00 a.m.）
冬令時間：十一月中～三月中（10：30 p.m. ～ 05：00 a.m.）

為何冬令與夏令時間不同呢？因為日光節約的關係，夏令時間會往前調整一小時，冬令時間才會調回來。

2.美股交易計算方式

美股通常以「一股」為單位，所以基本上你看到美股的價格就是那個價格，跟臺股不太一樣。如果上面寫 30 元，美股的話，就是 30 美元，大約 900 元臺幣；而臺股因為以「一張」為交易單位，一張股票是 1,000 股，因此 30 元要再乘上 1,000 倍，也就是 30,000 元臺幣。

【美股代號】
用英文字母表示，字母數量一到五個不太一定，像是蘋果的 AAPL、谷歌母公司的 GOOGL；特別注意的是，如果結尾是 Y 或 F，這支股票通常是美股的上櫃公司。
【手續費】
單筆交易時通常是固定手續費，因此在資金不足的情況下，我並沒有很推薦大家頻繁交易，原因是可能你投資一次，它就抽 5 到 10 美元，可是你買的單一個股可能只有 100 美元左右，手續費就占了 5% 到 10%。投資美股雖然門檻很低，但考慮到手續費成本，還是建議大家累積一筆資金再去投資。
【交割日】
當投資人買進股票時，必須在股票成交日（稱為 T 日）後的第二個交易日（稱為 T+2 日）上午 9 點以前，把應付的股款匯入銀行交割帳戶，跟臺灣一樣。

3.美股漲跌差異

【臺股】紅色上漲，綠色下跌。

【美股】紅色下跌，綠色上漲。

【美股漲跌幅限制】沒有臺股 10%漲跌停機制，但有「熔斷」機制。

補充說明：什麼是「美股熔斷」？會熔斷代表美國前 500 大公司一起下跌，經濟趨勢衰退，熔斷第一、二次，會各停止 15 分鐘交易，讓大家冷靜，到第三次就會完全停止交易。熔斷機制啟動點分別為：第一次熔斷：下跌 7％；第二次熔斷：下跌 13％；第三次熔斷：下跌 20％。

美國每年一月、四月、七月、十月的第三週，通常是每季財報公布日期，這時候美股市場變化也會特別劇烈，推薦大家這時可以先觀察價格的變化。

投資美股該如何篩選潛力股？

如果有興趣投資美股的人，蕾咪推薦兩個小工具給大家。

Google Finance

【網址】https://www.google.com/finance

【用途】方便建立清單，追蹤股票投資標的與市場概況。

【市場概況】通常會拿來看產業焦點新聞，做消息面參考資訊。

【你的股票】建立觀察清單，可以先挑選自己喜歡的來追蹤。

【美股三大指數】道瓊指數、標普 500、納斯達克指數評估市場趨勢。

【季度財務資料】提供幾種價值投資面的財報基礎資訊。

以蘋果公司為例，股票代號：AAPL，可以看到一天、五天、一個月甚至一年的價格趨勢變化。我本身是中長期投資者，所以一天的資訊較無參考價值，通常會以六個月到一年做為參考指標。

【開盤】開盤價，也就是昨日收盤價。

【漲跌幅】以開盤價為基準做比較。

【市值】投資美股建議可搜尋市值超過 10 億美元的公司，才是穩健的投資標的。

【殖利率】購買股票後能獲得多少利息，是許多長期投資者購買定存股時關心的數字，都可以直接從 Google Finance 上面看到。

【季度財務資料】

我們可以對照 Y / Y（Year over Year），也就是與去年同期相比的變化量。為何與去年相比很重要？因為通常每個產業都會有淡旺季之分，假設以新品發表的時間點在第三季時，來反推可能的

淡旺季，如果可以調查到過往財報的數據，將會更加精確。

· 第一季：淡季（零件製造中）

· 第二季：淡季（組裝製造中）

· 第三季：旺季（發表新品）

· 第四季：旺季（銷售產品）

【季增率】當季與上一季成長相比。

【先行指標】預示未來月分經濟狀況 與可能出現商業周期性變化。

DATAROMA

【網址】https://www.dataroma.com/

【用途】站在巨人肩膀上做投資，觀測投資大戶的股票進出清單。
身為懶人，要我分析幾千家美股，簡直要我的命，所以站在巨人
的肩膀上投資，是我最喜歡採用的策略。不論是臺股優先找到元
大台灣 50（0050）的成分股作為自己的觀察清單，或是美股的
標普 500 指數找到 500 大企業做為候選名單，都是同樣的道理。
如果你有崇拜的投資人，像是波克夏資產管理公司的華倫·巴菲
特（Warren Buffett），或是《投資最重要的事》作者橡樹資產公
司的霍華·馬克斯（Howard Marks），都可透過 DATAROMA 去
觀測他們最新一季加碼減碼的股票。

這是美國基金管理公司、資產管理公司的進出標報告的整理網
站，透過大戶的投資行為，做到美股籌碼面的基本分析。舉例來
說，你是巴菲特的愛好者，搜尋「Buffet」，就會出現波克夏公司，
可以看到他們最近投資的標的有哪些。

不論臺股或美股，找到潛力股投資的基本原則不變，同樣也要了解股票的基本面、財報面、籌碼面、消息面，就可以大幅提高你的勝率，而堅持停利停損點的策略，也能有效提高報酬，降低風險。有興趣的朋友都可以參考我的《小資族下班後翻倍賺》，書裡都有基礎股市知識的詳盡說明。

希望分享這些美股新手村的基本知識，能幫助你們未來在股票投資的旅途更加順遂。

如何利用美股投資創造被動收入？
——巴菲特價值投資法五步驟

前面提到，因為「股票」與「房地產」是一般人較熟悉的被動收入，因此在這裡特別獨立出來討論，做比較大篇幅的分享，希望可以讓更多人在工作之餘，也能打造自己的非工資收入。

想必大家一定在許多網路文章中，看到了巴菲特價值投資選股的各種策略，不論是股東權益報酬率（ROE）高於15％，或是殖利率高於5％等，或許也嘗試過用這些標準從臺股中挑選股票，卻發現遲遲無法出現可以下手的標的。因此，在此想教大家一些簡單又直覺的方式，可以跟著巴菲特一起投資股票，這也是我自己私藏多年一直在使用的

方式：**巴菲特價值投資法五步驟教學，幫助你建立自己的退休金。**

Step.1 建立倉儲觀察股名單

　　想進入美股的世界，其實可以站在巨人的肩膀上，並不需要自己拚死拚活從幾千支股票挑選，光是研究幾支股票的財報，就讓人想放棄。因此，選股入門第一步，推薦大家可以先「建立倉儲觀察股名單」。

　　這些名單可以參考前面提到的DATAROMA網站，網站上會公告每一季投資管理公司的進出明細與持股名單，其中包含巴菲特的波克夏公司，我們可以從中查看波克夏公司持股名單與上一季股票進出明細。

　　DATAROMA網站挑選65家超級投資人（Superinvestors），揭露他們主要持股變化。藉此我們可以觀測大戶的投資動向，藉此了解籌碼面，並從中挑選適合自己的投資標的。

Step.2 替自己挑選10家口袋名單，從這些股票練習觀察財報

　　因為有些股票是巴菲特早期入場的持股，因此蕾咪建議大家可以從上一季加碼的股票開始下手。

　　巴菲特價值投資的基本精神，主要投資**「適合長期持有」**且**「價值高於價格」**的股票。因此，如果最近幾季還有加碼動作的股票，就非常適合關注一下。

我們以疫情發生的 2020 年度為例，當時全球經濟震盪，美股市場經歷多次鎔斷，華倫・巴菲特的波克夏公司投資異動如下：

【華倫 ・ 巴菲特──波克夏公司】
（Warren Buffett - Berkshire Hathaway）
投資異動期間：Period: Q4 2020
投資組合日期：Portfolio date: 31 Dec 2020
投資股票數量：No. of stocks: 47
投資組合價值：Portfolio value: $269,927,528,000

這份資料每一季更新一次，對短期操作而言，不算適合的指標，但是對於長期累積資產的價值投資者，一、兩個月的交易時差還算可以接受的範圍。建議大家，如果想嘗試價值投資，以「年」為單位做評估會比較適合。

以 2020 年底為例，我們發現波克夏公司減碼了 4 家公司：
・AAPL - Apple Inc. 蘋果電腦
・USB - U.S. Bancorp 美國合眾銀行
・GM - General Motors 通用汽車
・WFC - Wells Fargo 美國富國銀行

同時，波克夏公司加碼買進了以下這兩家公司：

- VZ - Verizon Communications（威訊通訊）：美國科技電信公司，全球領先的寬頻和電信服務提供商，道瓊30種工業平均指數的組成之一。
- CVX - Chevron Corp（雪佛龍）：雪佛龍是世界最大跨國能源公司之一，總部位於美國加州聖拉蒙市，全球超過180個國家都有業務，業務範圍包括石油及天然氣工業的各個方面：探測、生產、提煉、營銷、運輸、石化、發電等。

如果只有波克夏公司，你覺得觀察名單太少，可以把幾位高手的口袋名單也同時加入，例如前面提到霍華．馬克斯的橡樹資產公司（Howard Marks-Oaktree Capital Management）。

我們也可以偷看一下人家是怎麼投資的，減少大量做功課的時間。每一家資產管理公司，背後代表的是不同的投資策略，選擇你們喜歡的下手觀察就好。

Step.3 基本面不好的公司，先排除

好了，經過前面的兩個步驟，至少我們不必在茫茫股海焦慮不安，不知該如何下手投資美股了。

在細看財報數據以前，提供以下幾個股票篩選原則，挑選出的股票也比較容易符合價值投資的理念。

1.產業穩健

2.品牌價值

3.持續的競爭優勢

投資股票的本質，說穿了「就是成為一家公司的股東」。因此，想像一下，什麼樣的企業能夠歷久不衰，就不難做出正確的判斷。

Step.4 面對現實吧！學點財報基礎知識，對你的投資有幫助

以下提供我個人常用的價值投資指標，讓你可以更快篩選適合下手的標的：

1. 5年ROE＞15%

股東權益報酬率（Return On Equity，縮寫：ROE）是巴菲特最在意的指標，股本回報率，就是股東投資的錢能夠賺回多少報酬。

特別注意：「時間」很重要，短期內創造高ROE，是可以透過修飾財報來達成，但是連續5年達到ROE＞15%，就不太容易了，這也是為什麼要強調「5年」的原因。

2. 盈餘再投資比率＜80%

公司賺了錢以後會怎麼做？發給股東？還是繼續再投

資？又或者是買回庫藏股，來推升股價？這些都跟公司的營運策略有關。

既然我們跟巴菲特爺爺一樣懶散，希望賺取被動收入，自然希望公司能夠多發點股利回來。因此，巴菲特喜愛會分配股利的標的，這也是爲什麼許多人會將價值投資做爲長期累積資產的方式。

特別注意：如果公司明明沒賺錢，還打腫臉充胖子發放股利，那反而是公司倒閉的前兆，因此「自由現金流＞0」也要列爲考量基準。

3.上市滿兩年，年盈餘達新臺幣5億元

這個標準非常高，所以在臺股可能並不容易達成，特別是年盈餘達到五億元，但臺股是湖泊，美股是海洋，在海洋當中總是比較容易撈到大魚。

以上是最基礎的三要件，先練習看看，從前面的倉儲觀察股當中，看懂這些數據吧！

Step.5 下水後，才能學會游泳，準備一筆錢，投入股海吧！

不管我怎麼教你游泳姿勢，換氣要注意的事項，做韻律呼吸，只要不下水，你永遠不可能學會游泳。就像投資股票一樣，若你從未下去股海走一遭，體會到水溫變化，永

遠都無法體會在股海中浮沉的內心掙扎，也就更難在年輕時，提早訓練出拉高勝率的投資心性。

對於投資這件事，我建議新手開始的心態是「最一開始投資的錢，要有當作繳學費的心理準備」，所以我從不建議大家要先存很多錢，才開始學投資，正好相反，當你月入 3 萬時，就拿 3,000 元當作投資資金，拿來買零股或美股都好；當你月入 5 萬時，再提升到 5,000 元，持續練習；相信我，只要有紀律地學習與投資，你自然會慢慢摸索出自己的常勝策略，而這才是別人搶不走的能力。

也許，每個月 3,000 元，經過三年，也不過是 10 萬上下的損益，即使全賠了，那些都是值得你投資在自己身上的練習。只要沒有停止投資自己，我們的收入通常會只增不減，因此到了未來，等到你投資操作的資金越來越多，你就越能體會到這 10 萬元投資本金換來的經驗，絕對是最划算的學費。

所以，就從現在開始吧！

2-4

房地產投資

房地產投資與財務規劃的關係

大部分的人開始想到尋求財務顧問的協助，通常都與買房有關，因爲這是我們人生少數的大筆開銷。

如果你一直以來都沒有意識做儲蓄計畫，很可能會發現：

五年、十年過去了，看著身邊的人買車買房，自己卻還沒擁有什麼資產；隨著年紀增長，租屋可能會變得越加困難；加上現金購買力隨著通膨貶值，產生房價薪資比越來越懸殊的窘境；更大的不同，是你會發現擁有房地產的人，其實背後隱藏了許多好處，包含銀行會對人另眼相看，在資金調度上變得非常容易取得低成本資金，自住以外的房屋，也有機會出租賺取現金流。

買賣房地產不外乎幾個目標，包含自住、投資與置產。自住通常發生在許多人結婚成家前後，投資則是出於以追

求報酬與打造租金收入為目標，置產則有可能是擁有過多閒置資金，為了避免現金持續貶值或集中在高風險的股票，透過置產的方式來達到資產配置的目的。

我在上一本書《小資族下班後翻倍賺》已提到不少關於房地產的觀念，在這裡也會保留多數重點，並提供大家更全面的分析，這是因為房地產可說是大家最想了解、最經典的被動收入，也是相較於其他被動收入而言，概念最單純的類型。

如果可以精通房地產被動收入的概念，轉換應用在打造其他類型的資產，不論是動產與生財工具租賃、智慧財產權授權、網路流量空間租賃，概念上其實都是一模一樣的。

我們的創作作品，不論是聲音、照片與影片，都像是我的房地產，都是我的資產；我經營的高流量網站，就像門庭若市的店面，一樣具備相當的價值；可以做為生財工具的攝影鏡頭、咖啡機、計程車，這些也都是資產的一種；更甚者，我想要長期投資持有的股票，也可以透過借券的方式，租借給別人賺取利息。

因此，我們仍舊以房地產為基準，只是提醒大家，打造「被動收入」就是打造「資產管理收入」，所以我們真正在做的事，就是在打造資產與管理資產。

買房真的那麼難？

背房貸二、三十年才買得起一棟房子？

新聞媒體上常見的數學題都這樣嚇唬我們：

年輕人月薪 3 萬元，要買 1,000 萬的房子，好不容易存到頭期款 200 萬元，假設貸款八成 800 萬元，拿全部的薪水去還房貸，800 萬／一年 36 萬＝22 年，人生都在還房貸中辛苦度過，然後藉此抱怨政府房價、經濟不好等各種理由，引起群眾憤恨，我們年輕人好悲慘啊！

當你總是被媒體報導煽動，只會變得越來越被動與怨天尤人，為自己的人生找藉口，忘了思考更深一層的解決方案，耽誤了生命中的許多可能。

假設，我們就是那名年輕人，我的薪水難道過了二、三十年都不會成長嗎？除了還清房貸，還有沒有別的方式？我一定要一開始就買 1,000 萬的房子嗎？我買的房子就一定會住一輩子嗎？我會換屋嗎？我一定要用自己的錢來買房子嗎？

其實擅長理財投資的人，算出來的數學，可能跟你不太一樣。

理財中投資自己的教育帳戶為何如此重要？

你的薪資永遠不成長嗎？出社會的前五年的平均薪資落在 3 萬上下，期間不斷的提升自己的競爭能力，第五年開

始變 5 萬上下，第七年開始在 10 萬上下，接著持續成長到
了 20 萬元；當薪資大於 10 萬時，你只要十年就能還清，當
月薪大於 20 萬元，就只要五年就可以全額買斷上千萬的房
產。

薪資成長也許是一個理想值，但是二十年月薪 3 萬不漲，
也是一個「理論值」。

如果你無法持續精進自己的能力，的確會陷入被房貸壓
垮的命運，但假設我們能夠在工作之餘，做好財務規劃，
並培養自己的能力，同時善用房貸的槓桿特性，就能讓還
清房貸的目標提前達成。

買房一定要一次到位？

你的房子買來就一定永遠自住不換屋嗎？在年輕時就有
能力購置房產的人，不一定是因為生對家庭、有好父母，
大多數人是隨著需求改變，先買小房，再換大房，一步一
步成長，捨棄掉第一選擇，先從「買得起」開始進入房地
產。

舉例來說，買了 500 萬的房子，自備 100 萬，貸款 400
萬，平均月繳 2 萬房貸。在房貸繳了三年後，總共已繳
了 72 萬元，房價正好漲了 10%，賣掉 550 萬，成家換屋，
拿回：

550 萬－328 萬（未繳貸款）＝222 萬

接著222萬就變成了1,000萬房產的頭期款，再買下新的房子；在房價多頭的時期，這樣的換屋模式很快就會讓資產增值，就算空頭時仍有機會找到條件不錯的新物件。

一定要全部拿自己的錢來買房嗎？許多房產投資也會見到「募資」或「團隊共同持有物件」的合購方式，甚至轉變為一些商業模式。

關於買房投資的方法有許多種，而多數的理財投資問題只需要學會小學的「加減乘除」就絕對夠用，重點是不要只是看了最初的問題就先自我放棄，而是從每個問題當中，再去發展出適合自己的解決方法，這樣的態度不只是用在理財上，在生活的許多方面都非常管用。希望下次看見新聞的理財數學題時，你們也能找到新的解法，加速自己的買房人生！

下手買進房地產不是夢

在投資領域當中，房地產買賣需要的準備金較大，由於居住屬於剛性需求，因此同時成為多數退休族心目中最穩健的投資標的。在此提供幾個基礎概念，讓你可以更快入手房地產，你會發現，買房絕沒你想的那麼遙不可及。

首先，我通常會建議想買房的人先問自己三個問題，用來釐清買房的目標與目的：

① Why？你為什麼想要了解房地產？

② What？房地產的種類有哪些？

③ How？買房資金的來源有哪些？

能夠找出以上三個問題的答案，就算是跨出房地產買賣重要的第一步。

Why？你為什麼想要了解房地產？

開始接觸房地產買賣，你的需求是屬於自住，還是投資？需求不同，考量的點自然不同。

自住的話，通常只需要考慮兩個條件：第一，爽，也就是符合內心期待；第二，買得起。只要滿足這兩者，就可以下手買進自己的自住屋。

投資的話就不同了，建議評估以下兩種獲利模式，到底哪一個才是你想要的？第一，資本利得，賺價差；第二，現金流，賺租金收入。

> 思考一下：投資房地產，你真正想要的目標是快速累積財富，還是想賺取被動收入？釐清自己的投資目標，才是你真正開始學習投資房地產的首要條件。

What？房地產的種類有哪些？

確認房地產的用途後，下一個階段就是學習認識房地產的種類，共分為兩大類型：成屋與非成屋。

成屋：新成屋、中古屋、法拍屋；概念上，可以當作股票現貨來看待。

預售屋：紅單、白單、買房契約書；概念上，可以當作選擇權來看待。

如果是成屋，買賣過程中的法規與房屋買賣直接相關，因此需要同時考量持有成本、房屋稅、地價稅、奢侈稅等費用；而預售屋的買賣，比較像是房屋優先承購權利的買賣，雙方同意價格，就可直接進行買賣，衍生的稅務費用相對較少。需要特別注意的是可能會有禁止交易的閉鎖期，如果是十個月閉鎖期，就代表購買後必須持有十個月，不得轉售。

How？買房資金的來源有哪些？

常見的房地產買賣資金來源有以下幾種，大家可以看看自己是屬於哪一種，並且可以多了解看看不同的籌備資金的過程，相信對你未來也會頗有幫助。

1.**自備款**：

① 擁有多少現金？

②還款計畫？

2.籌資集資：

①多人集資的操作模式與風險？

②對外籌資的方式有哪些？

3.銀行貸款：

①是否有培養好信用？

②估價與實際價格的差別？

4.零元投資、超貸和其他常見說法。

未來若有機會接觸到房地產投資，就會更有頭緒自己遇到的是哪一種類型。

接下來將提供五題房地產小學數學題，只要順利理解這些數學題，就能對房地產投資獲利模式有初步概念。

首先，要先知道投資報酬率（ROI）的計算公式：

投資報酬率（ROI）＝利潤／投資總額×100%。

請問：

Q1：**透過買賣房地產賺取價差**

買了一棟 1,000 萬的房子，貸款 8 成，自付 2 成，一年後，扣除利息成本，出售獲利 100 萬，請問投資報酬率多少？這是屬於哪一種投資？優點與缺點？風險有哪些？

答：

投資報酬率（ROI $= \dfrac{\text{年利潤}}{\text{投資總額}} \times 100\%$

本金＝200 萬；利潤＝100 萬

投資報酬率 $= \dfrac{100\,\text{萬}}{200\,\text{萬}} = 50\%$

所以我們可以知道這次的房地產投資賺取了 50% 的報酬。

屬於「資本利得」型投資，注意短年期內買賣會有奢侈稅的問題，購屋貸款有成數限制。

優點是投資報酬率高，缺點是槓桿較高，風險是如果房價下跌時，損失也會非常可觀。

Q2：透過購買預售屋的優先承購權賺取價差

你買了一棟 1,000 萬的預售屋，貸款八成，自付兩成，三年成屋後、過戶前，出售獲利 150 萬，請問投資報酬率多少？這屬於哪一種投資？優點與缺點？風險有哪些？

答：

$$投資報酬率（ROI）＝ \frac{年利潤}{投資總額} ×100\%$$

本金＝200 萬；利潤＝150 萬

$$投資報酬率＝ \frac{150 萬}{200 萬} ＝75\%$$

所以我們可以知道這次的房地產投資賺取了 75％ 的報酬。

屬於「資本利得」型投資，買賣無奢侈稅的問題，無購屋貸款成數限制，留意買賣閉鎖期。

優點是投資報酬率高，缺點是有閉鎖期可能會凍結資金，風險是房價下跌會產生虧損。

Q3：自己買下房屋當房東賺取租金收入

你買了一棟 1,000 萬的房子，貸款八成，自付兩成，扣除每月房貸成本，月租金淨賺 2 萬元。出租一年後，請問該年投資報酬率多少？這屬於哪一種投資？優點與缺點？風險有哪些？

：

$$投資報酬率（ROI）= \frac{年利潤}{投資總額} \times 100\%$$

本金＝200 萬；利潤＝24 萬

$$投資報酬率 = \frac{24 萬}{200 萬} = 12\%$$

所以我們可以知道這次的房地產投資，每年賺取了 12% 的現金流收益；屬於「現金流」型投資，如果在幾年後平轉出去，房租收益都是額外淨賺收益，也可以有機會在房市多頭時，賺取價差，如果價格不好時，可以穩定的收租。

優點是現金流穩定，可以打造被動收入，缺點是回本時間較長，風險是房客管理問題。

：**透過老屋改造當二房東**

你找到未整理的三房兩廳中古屋，年租 120,000 元，打滿五年契約，花了 60 萬重新裝潢，以月租金 30,000 元出租，請問第幾年開始回本？定期收租第五年的投報率為何？這屬於哪一種投資？

答：

$$投資報酬率（ROI）＝\frac{年利潤}{投資總額}×100\%$$

本金＝（年租金 12 萬×5 年）＋裝潢費 60 萬＝120 萬

利潤＝（月租 3 萬－月租成本 1 萬）×12 個月×5 年＝120 萬

$$投資報酬率＝\frac{120 萬}{120 萬}＝100\%$$

所以我們可以知道在第五年時，二房東的物件會剛好回本，屬於現金流型收益，在這個例子裡，二房東並沒有較高獲利，在實務上通常需要評估獲利的比例，才能確保投資的效益，潛在風險是房客管理與大房東收回房屋問題。

Q5：成為Airbnb房東的必備公式

你租下月租金15,000元的套房,並準備20萬元重新整理裝潢,之後以每天2,000元價格出租,假設平均滿租率為50%,請問一年後投報率多少?這屬於哪一種投資?優點與缺點?風險有哪些?

：

投資報酬率（ROI）＝ $\dfrac{\text{年利潤}}{\text{投資總額}}$ ×100%

第一年：

本金＝裝潢費20萬＋（月租15,000元×12個月）＝38萬

收入＝日租2,000元×每月30天×滿租率50% ×12個月 ＝36萬／年

利潤＝36萬－38萬＝－2萬,第一年尚未回本。

投資報酬率（ROI）＝ $\dfrac{-2萬}{38萬}$ ＝－5.26%

第二年：

成本＝月租15,000元×12個月＝18萬／年

收入＝日租2,000元×每月30天×滿租率50% ×12個月 ＝36萬／年

利潤＝36萬－18萬＝18萬／年,扣除第一年尚未回本的2萬元,共賺到16萬。

投資報酬率（ROI）＝ $\dfrac{16萬}{18萬}$ ＝88.89%

這是屬於現金流類型的投資，優點是初期投入成本不高，可以較快回本，缺點是房客管理較複雜，某些縣市會有法規限制，風險是屋主可能會收回房屋。

練習算出以上的答案了嗎？這五題小學數學題，就是最常見的房地產投資獲利模式，只要能夠理解，恭喜你！已經跨入房地產投資的一大步了。

跟著房地產投資專家這樣做

最後，來分享三種最常見的房地產投資客類型，未來看著媒體報導各種房地產投資資訊時，就不再是霧裡看花，搞不清楚狀況了。

資本利得型

想要讓財富快速翻倍成長，資產短期內迅速增值，那麼資本利得型投資可以幫助你盡早達成目標，以下分享三種投資客的操作模式，通常大多挑選一樣來精通，這些都是身邊朋友的真實案例，每一位都身價破億，可算是三種經典的價差獲利模式。

1.炒紅單獲利：

炒紅單是指房市看漲時期，透過預售屋成屋前價格上

揚，賺取差價；由於還在付訂金、簽約金、開工款之前，只需要支付幾十萬的紅單訂金，而不需要動輒幾百萬的頭期款，所以在早期算是房地產界知名的套利模式。

後來為了避免有心人士透過這些模式炒作房價，**現在的法規多有綁約限制，必須持有房屋契約達到一年以上才能進行轉約。**

此類投資最關鍵的就是情報戰，誰的情報多，誰就勝出，以及是否有精準的眼光，有能力分析並了解都市發展的進程，因此都市計畫也常是這類型投資客關心的重點。

2.只買最好的地段稀有物件：

這是最直覺的投資模式，只挑選極佳地段的物件收藏，如果是資本雄厚的投資客，通常會採取這種策略，因為這類型的物件收藏價值較高，身處蛋黃區房價易漲難跌，也更能保值。這類的房地產投資客大都有非常賺錢的本業，透過這個模式來置產，做好完整的資產配置，因此也是持有時間最長的資本型房地產投資客。

物件類型像是臺北市大安、信義計畫區或各地區稀有物件，投資原則「物以稀為貴」，即使不是臺北市中心，也會挑選各縣市當中最好的地段。曾經聽過的實際案例是投資大安、信義區，持有房產十四年，從每坪80萬一路飆漲到每坪200萬元。

3.只買忽略地段的最便宜價格：

比起挑選萬眾矚目的市中心精華地段稀有物件，另一種極端的投資策略，喜歡去挑選大家忽略的邊緣地段，找到最便宜的價格。一坪 40 萬的房子漲價到 80 萬，畢竟是少數，但是，受忽略地段一坪 10 萬的房子漲到 20 萬的機率就高上許多。重點是以投資報酬率來看，一樣是資產成長了兩倍。

當別人還在關注臺北市中心的高房價，這類投資客選擇大家意想不到的基隆與汐止，看好當地的發展，在房價一坪8萬時，就買進幾百坪，等到房價變成一坪 12 萬時，再慢慢地賣出，一樣賺足了價差紅利。

現金流型

如果想要早點賺取足夠的被動收入，趁年輕時就達到財務自由，那麼現金流的投資方式就很適合你。比起資本利得賺價差的投資客在乎買賣時機點，現金流型的房地產投資客奉行《富爸爸·窮爸爸》作者羅伯特·清崎的理念，長期的累積資產，並且打造租金收入，所以價格的高低反而不是最重要的考量，當地的租金行情與租金投報率，才是我們關注的重點。

現金流型一樣有三種投資策略適合操作，通常都是擇一專精，很少有人會發散精力每種方法都使用看看，我也不

建議大家這樣做，最佳策略通常是找到最適合自己的獲利模式，然後重複流程，並複製在不同的投資標的上。

1.賺月租金：

賺月租金的模式有兩種，如果是資本較低的人，可以選擇和具備閒置資產的老房東簽長約，透過年租轉月租的方式，將房屋出租給別人。

如果是資本較高或集資為主的人，則可以選擇透過購買房屋的方式進行操作，由於我們的目標是轉化為租金收益，所以通常挑選標的時，會選擇一些看起來無法立即入住，但是地點極好的物件，再透過房屋改造來創造出房子本身的價值。

2.賺日租金：

相信許多人都有過旅遊的經驗，特別是 Airbnb 的盛行，世界各地的風格民宿盡收眼底，因此日租套房與民宿變得非常盛行。同樣的，如果是資本較低的人，也可以透過月租轉日租的方式，並以輕裝潢創造出不同的風格。資本較高的人，可以採用購屋的方式來經營自己的民宿。

3.賺場地費：

租金的其他營利模式，像是教室、店面、活動場地、停

車場等，我們經常會有各式的場地需求，透過提供場地出租，也是利用切割時間碎片化換取價值的方式。

仲介型

在房地產投資領域，除了以上兩種投資獲利模式外，還有一種是看起來像投資客的仲介，他們的獲利方式並不一定是靠投資房地產本身，而是透過買賣仲介與開課教學來賺取主要收入。

1.直接和建商團購物件：

透過建立購屋人脈名單，例如：100間房的團購，然後抽中人費與介紹費，中人行情保留戶通常一般住家行情10萬元，店面行情可能是幾十萬到上百萬，這些還不屬於房價的部分；而介紹費行情在最一開始由建商提供時，可能是房價的1%左右，當代銷公司接手後，通常每位已購戶的介紹費多在定額2到5萬之間。

2.開設課程收集名單，賺買屋介紹費：

許多人初入房地產領域，可能會透過市面上的課程學習，這時候建議觀察一下，這些老師是否有自己真實的投資經驗，以及是否在市場上持續投資？

市面上介紹費行情約在1到5萬或房價1%到2%左右，這

些人可能是仲介、有力人士與職業講師，他們在房地產的獲利模式與房價漲跌無關，而是透過買賣頻率賺取收入，因此對於相關的投資建議需要謹慎對待。

找到自己的理想家

　　房屋分為成屋與預售屋，根據這兩者的差別，挑選的方式也會截然不同。在此快速摘要一些重點供大家比較參考，未來需要買房時，推薦大家可以做一份檢核表，加在自己的看屋紀錄表當中，可以在更短的時間內了解自己真正的需求是什麼？

1.成屋：

如果是選擇成屋標的，需要把握以下幾個原則：

① **風火水電光：**通風、火爐、水電、採光。

② **天地牆柱窗：**天花板、地板、牆壁、樑柱、窗戶。

③ **地段：**交通便利性、生活機能、商圈發展性、明星學區。

④ **環境：**周邊景觀視野、治安、鄰居品質、公設內容。

⑤ **價格：**房屋售價、貸款條件、裝潢成本、仲介。

⑥ **收益：**投資報酬率、租金投報、價差投報。

2.預售屋：

預售屋因為還沒有蓋好，所以考量的重點與成屋大不相同，比起房屋本身的品質，更在乎地區的發展性，也只能就有限的資訊來找出適合自己的標的。

① **區域行情**：目前建案周邊現有房價的行情是非常重要的價格情報。

② **平面圖、座向**：平面圖可以看出房屋格局、房屋座向、是否有東北季風或西曬問題。

③ **資金周轉**：評估一下訂簽開、每期工程款、留意自己理財習慣是否適合。

④ **履約保證**：房屋交屋是否有履約保證。

⑤ **貸款成數**：房屋貸款條件、個人的信用狀況、價格留意是否買貴。

⑥ **公設比、雨遮**：公設比是否合理？雨遮是否計入坪數？

⑦ **建商評價**：建商口碑如何？建材如何？是否有糾紛案件？

如何提高貸款條件？

購買房地產時，銀行貸款的條件非常重要，這也常是許多人感到最困擾的問題。在此針對如何提高貸款條件提供一些小技巧，方便大家核貸時更加順利。

以下文件是銀行常見的審核資料，也是可以幫助提高個

人貸款額度的方式，如果核貸上遇到困難，可以留意一下
是否有哪些資料可以預先準備，在需要申請高額房貸時就
能順利核貸下來。

- **良好的薪轉紀錄：**如果是一般上班族，最簡單的方式
  就是提供薪轉帳戶資料。如果在知名企業或穩定職
  業，如：公務員，通常會非常的加分，有機會貸到不
  錯的額度。
- **三個月內的財力證明：**如果沒有穩定的薪資收入，像是
  自由工作者、自營業者等，提供存款餘額證明也會有幫
  助，通常最少需要50萬左右的存款，100萬以上尤佳。
- **提供保證人：**如果自己的信用狀況普通，親友收入狀
  態較穩定，可以尋求親友作為保證人。但也因為保證
  人具備連帶責任，所以通常都是親屬居多。
- **名下是否有房屋：**名下如果有其他的不動產，銀行就
  不太擔心無法收回借款，通常會很放心地借款給你，
  只要留意自己的現金流狀態。
- **信用貸款先還掉：**如果名下有任何信用貸款，建議先
  還掉再說。在理財當中最忌諱以短支長，意思就是拿
  短期的高利負債來支付長期的低利貸款，容易落入負
  債循環。
- **增加與貸款銀行的往來：**與銀行過去有往來經驗，並

且借款還款準時，留下好紀錄的人，通常比較容易借
到款項，薪轉銀行也是可以優先考慮的銀行。

・**壽險公司貸款：**除了銀行以外，壽險公司也是非常適
合作爲借款單位。而且爲了和銀行競爭，可能有機會
談到較優惠的利率貸款，也是大家可以參考的方向。

如何看懂房貸利息計算方式？

除了貸款額度以外，利息也是我們申辦貸款時非常在乎
的重點。假設貸款 500 萬，每相差 1％的利率，就是 5 萬
元，加上多年複利，金額會變成十分可觀。因此利息當然
是越低越好。

根據利率是否浮動與結構的差別，分爲幾種房貸利率類
型，預先了解會更容易看懂銀行貸款的專有名詞。

回歸金錢流動的本質，儲蓄就是把錢「借給」銀行，我
們收取定儲利息；反過來說，申請房貸就是銀行把錢「借
給」我們，銀行收取房貸利息。

根據利率是否浮動，主要分成以下四種類型：

1.指數型房貸：

銀行房貸利率的計算方式，通常會以中央銀行公告的定
儲利率爲基準。爲了確保市場平衡，銀行會透過八大行庫
的平均放貸利率做爲「指標利率」，再根據每個人信用高

低，做為利率的加減碼。

舉例來說：假設央行公告的一年期定儲利率1.35％，那各家銀行的利率有高有低，最後平均的指標利率是1.34％，再根據個人的信用狀況，每個人可以貸到的房貸利率可能介於1.24％到1.44％不等。

所以，指數型房貸利率通常是與指標利率浮動。優點是透明度較高，缺點是利息會隨著利率提升而變高。

2.固定型房貸：

相較於指數型房貸，固定型房貸比較單純，在與銀行約定的契約期間內，不論市場利率如何變動，貸款利率固定在當初與銀行約定好的利率，所以非常仰賴每個人與銀行談定的利率條件。

3.組合型房貸：

結合固定與機動利率，可自由搭配金額比重，適合想省利息又想規避升息風險的人。

根據利率的結構不同，有這兩種繳款方式：

- **一段式房貸**：貸款期間的利率均相同，通常搭配「指數型房貸」使用。長期來說，總償還的利息較低，適合一開始還款能力較佳的人。優點是清償貸款的速度較快，缺點是初期還款壓力較大，現金流較為吃緊。

　　如果是長期持有的資產，特別是自住房，希望早點還清貸款的人可以優先考慮一段式房貸，可以省下不少利息。

- **分段式房貸：** 貸款期間分為幾個時段，採取不同的利率計息。以兩段式為例，通常在前面二到三年利率會較低，後面幾期開始，就會高於一般利率。優點是適合希望前面幾年負擔較輕的人，缺點是繳交的總利息會高一些。如果是作為投資標的，想要賺取現金流收益，未來會換房或轉賣的人，可以選擇分段式房貸，降低每月現金流的支出壓力。

4.理財型房貸：

　　買房後若需要透過房貸操作資金，就要談到理財型房貸。將已償還的房貸本金變成信用額度，可以自由提領現金，還了可以再借，讓資金運用更靈活。已動用的信用額度按日計息，不用的話則完全沒有利息，類似信用卡借款的模式，但是利息低上許多。

　　綜合來看，如果你是收入較高、還款能力較佳的人，希望可以早點還清房貸，降低整體利息，可以優先選擇指數型一段式房貸；如果你是希望前面幾年負擔較低的人，可以選擇分段式房貸；最後，如果你已經買了房子，並且繳

了一部分房貸，但是希望隨時需要用錢時，可以從銀行借到較低利息的貸款，就可考慮理財型房貸。

靠收租財務自由！
如何算出隔間套房投資報酬率？

想賺取被動收入，可透過很多方法達成，像是投資定期配股配息的股票或基金、外幣保單、房地產租金收入、智財權的授權，或是持續經營一門生意等，其中房地產的租金收入可說是一般人最容易理解的被動收入來源。

前面提到一般我們熟知的房地產收租方式，就是將大樓或公寓等格局的房屋，隔成多間套房或雅房出租，租給附近上班族或學生，以賺取租金收益。此外，商辦大樓、店面、騎樓、教室、場地、廣場、農場、車庫、停車場、日租、飯店等出租形式，也都屬於房地產出租的範疇。簡而言之，就是將一定範圍的空間或土地出租給他人使用。

包租公與二房東有什麼差別？

包租公指的是房地產物件的擁有者，需具備大額的投資本金，才能買下房地產物件，進而出租，但不是每個人都有辦法一次拿出大筆資金買下，因此才有二房東的角色出現。二房東是向大房東承租一層公寓或一棟透天的方式，

再轉租出去，協助屋主進行管理，二房東則從中賺取租金價差與服務費等。

包租代管？代租代管？

包租就是向屋主承租一定年限的房屋，以低於市場行情承租，每月支付固定房租給屋主，屋主不用煩惱房屋是否能順利出租，再將房屋以市場行情出租給其他租客。

代管則是房東與房客簽約後，房東不想管其他雜事，像是收房租、聯繫房客、水電修理、家具更換等閒雜事務，交由其他人來代為服務房客、管理物件，通常是每個月向房東收取租金10%到15%。

包租代管就是向屋主承租一定年限房屋，以低於市場行情租金承租，每月支付房租給屋主，簽立 A 租約，然後包租代管公司變成二房東的角色，轉出租給一般租客，與房客簽立 B 租約，並負責管理物件，像是出租、退租、房間維護等事項。屋主若什麼事情都不想做，只想要收錢數鈔票，找家公司進行包租代管一條龍服務，從找房客、簽立契約、物件管理等都交由他人協助處理，屋主僅需付出服務費用，就能得到被動收入。

想靠收租財務自由，舉例來說，若以屋主手上有5間套房為例，每間出租 15,000 元，每個月光租金收入就有 75,000 元，大約是一般上班族的兩到三倍薪水。

　　若是二房東呢？一樣用 5 間套房來算，假設每間每月要付給大房東 10,000 元，轉出租可收 15,000 元，二房東收入 25,000 元，跟大房東相較之下遜色許多，但若出租量夠大，也是一筆可觀的收入，10 間套房有 5 萬，20 間套房就有 10 萬，依此類推。

包租公如何計算套房投資報酬率？

　　想投資好出租的房地產，通常看重三大元素：捷運、學區、公園。不管是隔間套房或公寓收租，最重要的是一定要租得出去，重點是該怎樣判斷這個房子到底適不適合投資呢？答案就是算出租金投報率。

　　房地產的投資報酬率，可分成「自有資金報酬率」與「總價租金報酬率」：

① 總價租金報酬率＝年租金÷總成本
總成本＝房屋總價＋仲介費＋各種稅賦＋裝潢費用＋其他
（如契稅）

② 自有資金報酬率＝淨利÷總投入成本
淨利＝房租收入－利息支出－維護費用
例如：
一間總成本 1,000 萬的房子，自備款 300 萬，年收租金 45 萬，則：

總價租金報酬率＝年租金÷總成本＝45萬÷1000萬＝4.5％
自有資金報酬率＝淨利÷總投入成本＝45萬÷300萬＝15％

我們在評估一個房地產物件值不值得投資時，可以先從總價租金報酬率來評估會比較客觀，因爲不論投資人條件如何，都可以作爲共同的篩選標準，來評估這個物件是否溢價過高。

自有資金報酬率則會根據每個人的自備款金額而訂，因爲每個人的貸款條件不同，所以計算出來的投報率也會有所不同。假設A先生僅能貸款六成，B小姐能貸款八成，由於自備款相差兩倍左右，因此投報率也會相差兩倍左右。

在實務上，這經常發生在首購與非首購物件，舉例來說，我們購入的第一間房產大都可以貸款至八成，第二間可能七成上下，第三間就可能僅有六成的貸款成數，因此自有資金報酬率也會逐間遞減。

圖表2-2：臺北市、新北市與臺中市房地產物件總價租金報酬率

地區	單層物件	頂加物件
臺北市	4.5%	6%
新北市	6%	7%
臺中市	8%	8%

　　以房地產物件位於臺北市、新北市與臺中市為例，總價租金報酬率大約是落在4.5%到9%之間，才是投資客眼中合格的物件。另外，頂數加蓋的物件雖然投報率較高，但是會有被拆遷血本無歸的風險，比較不建議投資。

　　不論從自有資金報酬率或是總價租金報酬率，都比銀行定存高出許多倍，這也難怪有錢人大都喜歡投資房地產作為主要的被動收入來源。

2-5

蕾咪投資實戰經驗分享
──我如何從第一桶金100萬翻倍增長至5,000萬

　　以我的觀點來說，在有能力存到第一桶金之前，想靠投資致富的人，都是痴人說夢！因為儲蓄這種勝率100％的投資，連第一個100萬都沒有紀律達成，面對投資領域僅有10％到20％勝率的血腥戰場，很容易被殺得血本無歸，成為投資戰場的冤大頭。

　　還是那句老生常談：存下一桶金是投資基本功。投資賺到錢並不難，難的是留住錢，並且有能力讓資產持續有效地累積。

　　人總是有走運的時候，突然暴賺一波10％到20％或資產翻個兩、三倍，但隨著貪念變大，而連本帶利全賠光的人比比皆是。長期的投資致勝，從不追求一夜暴富，而是追求大賺小賠；從不追求富貴險中求，而是追求風險管理，牛市賺

一年、兩年不難，難的是五年、十年的長期資產增值。

我從二十歲開始接觸理財投資至今，投資經歷超過十五年。跟許多人一樣，從每個月兩、三萬薪資開始，每個月投資幾千元，一步步在這條路上探索，也曾經走過不少冤枉路。回首過去，讓我能夠穩健累積資產的，恰好是我膽小的性格，總是在獲利可觀時，趕緊獲利了結，見好就收，落袋為安，避開了幾次股災；在市場下跌時，我反其道而行，開始物色觀望是否有落難公主或灰姑娘待人發掘，打造自己的股票後宮，在市場回歸時，就能獲取可觀的報酬。

在存到第一個百萬前，我將大多數時間與資金用來投資自己，想盡辦法增加賺錢技能與職場競爭力，這些歷程我在第一本書《小資族下班後翻倍賺》有許多著墨。如果你是主動收入還不夠，年收尚未超過百萬的人，可以先專注在前一本書的功課，持續精進自己各方面的能力，同時構築投資的基本功。與其抱怨世界不公，不如靠自己打破現狀。

在這裡分享的投資經驗，會從我存到第一桶金後，怎麼持續做好投資規劃與資產配置，讓資產持續成長至超過5,000萬元，希望這些歷程也能為你帶來啟發。

一言以蔽之，我的第一個100萬，就是省吃儉用努力工作存來的，沒有任何神奇的故事。

我的儲蓄率拉得非常高，月薪兩、三萬時，大約存下

50%左右；隨著收入增加，月收10萬以後，儲蓄率甚至拉高到70%，就是希望自己能在25歲前趕快存到人生的第一桶金。

等到真的存下第一桶金100萬以後，人生的視野變得很不同。視野改變思維，而思維會影響我們如何看待世界，從此開始看見不同的投資機會；在存款幾萬到幾十萬時，我們會考慮的投資機會是外匯、股票與基金，到了百萬以上時，會開始考慮投資房地產、企業、開店等。

思考一下：如果現在的你有100萬，要怎麼賺更多呢？

接下來分享我從存下第一桶金100萬後，翻倍增長至5,000萬的真實歷程。個人經驗，僅供參考。

分批支付，買下第一間房

我第一次投資房地產準備了110萬，買下1,100萬的預售屋，物件坪數是37坪，每年再付30到40萬工程款，最後累積支付255萬後交屋。三年後，房價變成2,400萬，資產增幅1,300萬！

我當時未滿三十歲，希望可以買到自己人生的第一間房，但是如果想買1,000萬已蓋好的新成屋或中古屋，至少

要拿出200萬以上，也就是20%的自備款，且馬上就得揹房貸，對當時的我而言，買預售屋是自己比較可以負擔的方式，接下來每年只要再努力存下30到40萬的工程款，就可以入手。

因為預售屋通常蓋三到四年，如果擔心未來房價上漲或有結婚規劃的人，就很適合用這種方式，等三年後生活也比較穩定了，就可以順利搬進新家。

【我的房貸技巧】

沒想到房子交屋時，房價漲了兩倍，價值從1,100萬變成了2,400萬！雖然三年後我的工作地點改變，房子原本打算自住改成出租，因此和銀行貸款時，跟銀行談到三十年貸款與三年寬限期，前三年只需支付利息，每個月利息錢不到1萬元，再以市場行情3萬元出租，每個月淨賺2萬元被動收入。

【小資族要怎麼買下第一間房？】

如果一開始資金不夠的人，又想早點投資房地產，可以從預售屋下手。因為房子還沒蓋好，所以地點非常重要，房價會根據當地的都市計畫而改變。因為房屋需要蓋三年以上，所以如果是急需自住房的人比較不適合，但如果你是比較善於耐心等候、提早規劃未來，或者是資金不夠、

需要緩衝的人，就可以考慮預售屋。

【預售屋情報從哪來？】

1. 鎖定自己想了解的區域，建議以熟悉的生活區域為主，投資以自己了解的領域開始最好，或者是未來有計畫搬遷的地方。

2. 從房屋網站找到近期的預售案件，了解建商的口碑，以及周邊的交通建設與生活機能、市場行情等，可以直接去建商或代銷看屋，聽他們介紹房屋條件與周邊發展。

3. 了解一下該區域的都市計畫，看看政府單位是否有相關的公共建設規劃，通常交通樞紐、展演設施、公園學校、商圈發展等，都是會影響房價的指標，可以從國土規劃網找到資料。

買下第二間房，打造成民宿出租

投資臺東中古屋100萬，坪數100坪以上，剛好退休親戚有意賣掉老屋，開價1,500萬，頭期款需要300萬元。但是因為手頭只有100萬現金，於是先跟親戚借調200萬（透過贈與稅每年220萬的免稅額度以內），獨棟別墅整理後變成民宿出租，賺進穩定現金流，再分期歸還借款。

税務小技巧──遺產稅&贈與稅：

在財務顧問諮詢的過程中，不乏有人詢問關於贈與稅與遺產稅的技巧，最常發生在親友間財產轉移的情況下，房屋買賣若能搭配贈與免稅額，親戚間買賣想算便宜，可以節稅，不影響市價。以2,000萬元的資產轉移為例：

贈與稅： 2,000萬，五年，每年贈與220萬 × 2人，五年完成贈與財產，完全免稅。

遺產稅： 2,000萬，如果給小孩繼承，免稅額1,200萬，遺產稅5,000萬以下要繳10%，需繳稅80萬。

更多相關稅務規定，請參考財政部於109年12月2日公告110年發生之繼承或贈與案件適用遺產及贈與稅（遺贈稅）法規定之免稅額、課稅級距金額、不計入遺產總額及各項扣除額之金額。

時間差技巧，買下第三間房

再次投資預售屋，第三間的物件坪數38坪，先用10萬下訂（一月），簽約時每坪已漲1.8萬（二月），再支

付 20 萬簽約金，也跟建商討論條件，半年後才支付頭期款（240 萬），因此我又有半年時間可以做好資金規劃。

投資房地產不是穩賺不賠，透過像這樣的時間差技巧，可以先觀察市場概況，確定價格未來會上漲，再接續支付較大金額。這麼做可以降低投資風險，以免因為房價下跌而被斷頭，至少你還有機會可以適時停損，放棄房屋所有權。

根據房地合一稅，購入第三間房地產，銀行貸款成數只有四成，但因為銀行是以貸款件數為基準，因此，假設將第一間房貸還清，第三間的房屋貸款就會變成可套用到第二間的成數（從四成提高到八成）。

打破「此生只會擁有一間房產」的迷思

投資房地產應有長期的計畫，所以需要考量未來的生活變動與失業的可能性，每月付款的本利和，盡量不超過月收入的 30%，生活的緊急備用金也需預留至少半年的房貸資金。

圖表 2-3：第一、二、三間房地產貸款成數比較

間數	正常貸款比例	前兩間低於財力	還清第一間
第一間	80%	80%，利息1.31%	0%
第二間	70%	80%，利息1.68%	80%
第三間	40%	40%	80%

許多人還會有一種迷思，就是「此生只會擁有一間房產」，可人生若從長期來看，我們可能面臨許多生活上的變動，以致於需要搬遷或轉換生活環境，因此房屋的需求並非一成不變。

一般來說，我們從單身、同居、已婚到有小孩，人生各個階段的居住需求可能不盡相同，可能會從一間套房、兩房一廳變成三房兩廳，在財力有限的情況下，換屋是常見的事；同時也因為年輕職涯變化大，在生活還沒穩定下來前，除了自住以外，單純投資也是不錯的選擇。

如果人生規劃比較明確的人，例如結婚生子，就可以考慮買下自住房，並且以自己最滿意的房子為主；如果人生規劃還有些許變動，可買房做為資產累積用途，那麼就可以選擇購買總價較低、投資報酬率高且容易轉手的物件為主。

在評估自己要選擇哪一種方案時，首先需要評估的是未來的生涯規劃，因為人生目標永遠優先於財務目標，金錢只是用來服務我們的工具；其次才是考量自備款額度、每月可負擔金額，再來才是貸款成數與利息等細節資訊，評估的優先順序至關重要。

以下表為例，假設銀行評估我的財力，可貸款額度是2,000萬元，所以買下第一間房屋時，可以選擇直接購買高總價2,500萬的房子，或是保守一點，選擇1,100萬的房子，讓投資房地產的選項更有彈性。

圖表2-4：首購族高總價&低總價買房方案比較

間數	正常貸款比例	前兩間低於財力
第一間	房屋總價2,500萬 貸款成數80% 房貸利息1.31% 貸款期限30年 貸款額度2,000萬 自備款500萬 月付67,215元	房屋總價1,100萬 貸款成數80% 房貸利息1.31% 貸款期限30年 貸款額度885萬 自備款220萬 月付29,575元
	優點： 1.首購貸款額度高，利息較低。 2.有機會直接買到理想房屋。	優點： 1.自備款低，月付金額壓力小。 2.分散籌碼，降低風險，自備款差額280萬可做其他投資用途，每月支配所得多了37,000元。
	缺點： 1.初期自備款高，資金彈性低。 2.容易被房屋綁架職涯發展。 3.每月可支配所得變少，生活品質降低。	缺點： 1.貸款額度較低，浪費首購低利的機會。 2.房屋居住需求不是完全滿足。

寬限期技巧

　　來找我做財務諮詢的客戶裡有一對夫妻，原本在外租屋，因爲老婆懷孕準備生小孩，所以有自住屋置產的需求。夫妻爲此陷入爭執，因爲老公希望買的是1,500萬的房子，比較不會有月付金額的資金壓力，老婆則希望買到2,500萬的房子，可以一次到位，滿足小家庭的居住需求與品質。

　　如果你符合以下情況，就可考慮使用寬限期技巧，降低

月付壓力：

1. 未來可能會換工作地點或搬遷居住地。
2. 地區房價正在成長，想把握房價漲幅的機會。
3. 每年收入逐年增加，若三年後整體收入增加，較能負擔後續的月付資金。
4. 租金大於月付利息，就當作繳房租給銀行，但擁有房屋買賣權力。

這時就可以跟銀行商量貸款的前三年為寬限期，假設你購買 2,500 萬的房子，自備款仍然是 500 萬元，利息 1.31%，貸款三十年，前三年寬限期的月付金額會是 21,833 元，就可以降低每月資金壓力；但要特別注意的是，寬限期過後，每月需負擔的本利和會增加至 73,321 元。記得評估三年後的財力狀況，確保資金不會斷鏈。

房子未來還可以選擇轉賣或轉租：如果區域房價成長，轉賣可以賺到房屋價差；如果想要賺進租金收入，轉租可以賺到現金流，算是進可攻退可守的技巧。

如果能與幾家銀行往來關係密切，甚至可以透過換銀行轉換貸款的方式，持續延長寬限期，有的銀行推出的轉貸方案甚至還可能降低利息。

房屋轉增貸小技巧

銀行估算貸款額度的基準，通常會抓一般人月薪的 200 倍，就是可以房屋貸款的金額，例如：月薪 6 萬，可以買 1,200 萬的房子，或是房貸的本利和月付金小於月收入的30%。

銀行根據我的財力評估，可以貸款的總金額約 2,500 萬元，所以當我選擇買下兩間低總價的房子後，包含第一間 1,100 萬與第二間 1,500 萬時，總貸款額度為 2,600 萬×80%＝2,080 萬左右，對銀行來說尚有 500 萬上下的餘裕。

我買下的第一間房，貸款八成約 885 萬元，可是後來因為房價成長，對銀行來說，貸款成數從八成降至四成左右，貸款 885 萬÷2,400 萬＝36.8%。

由於房價上漲導致第一間房屋的貸款成數降至四成，這時可以透過跟銀行申請轉增貸的方式，從銀行調度資金出來做其他應用，也能享受到資產增值的實際益處，而非單純的紙上富貴。

以我個人的實際經驗為例，和銀行申請重新評估資產總值，銀行評估房價為 2,300 萬元，並且以此為基準，重新核貸 1,400 萬元，因此扣除原有的房貸 885 萬元，額外多出了 500 萬左右的現金，並且以較低的房貸利率計算，我就能利用這些現金轉作其他投資規劃，例如：公司周轉金、投資

新創事業或投資上市股票等。

特別要注意的是，這筆資金是透過房貸增貸所創造出來的，因此銀行通常會規定不可再做買房使用，轉增貸技巧本身會提高槓桿成數，因此，在評估時也要一併將未來還款能力考量進去，避免造成未來的負擔。

生涯規劃如何影響房地產買賣？

買賣房地產前，我通常會先考慮自己的生涯規劃，特別是創業退休、結婚生子、全職進修與海外生活等重要的人生節點；再來就是我的財務狀況，包含收入支出與資產負債等，藉此對照未來每一年的生涯規畫與財務狀況是否符合，並且將自己與重要他人的年齡一併考量。

因為房地產是長期投資，需要長期規劃，接下來看能夠採取什麼樣的置產策略，在買進多間房產時也能提高報酬、降低風險，甚至因此翻身致富。

以下表為例，假設長期來看，房屋總資產會高達 3,800 萬元，有兩種不同的投資策略：首購高總價與首購低總價房屋；因購買間數不同，每個階段需要付出的自備款也會不同；隨著間數的增加，銀行貸款成數會越來越低。

理論上來說，以下分別是首購高總價與低總價房屋的歷程：首購高總價房屋 2,500 萬元，再加入第二間房

圖表 2-5：首購族高總價&低總價、第一&二&三間買房方案比較

買房方案	首購高總價房屋	首購低總價房屋
第一間	房屋總價2,500萬 貸款成數80% 房貸利息1.31% 貸款期限30年 貸款額度2,000萬 自備款500萬 月付67,215元	房屋總價1,100萬 貸款成數80% 房貸利息1.31% 貸款期限30年 貸款額度885萬 自備款220萬 月付29,575元
第二間	房屋總價1,300萬 貸款成數60% 房貸利息1.6% 貸款期限30年 貸款額度780萬 自備款520萬 月付27,295元	房屋總價1,500萬 貸款成數80% 房貸利息1.6% 貸款期限30年 貸款額度1,200萬 自備款300萬 月付41,993元
第三間		房屋總價1,200萬 貸款成數40% 房貸利息1.7% 貸款額度480萬 自備款720萬 月付25,616元

屋 1,300 萬元後，付出自備款是 1,020 萬元，月付貸款金額是 94,510 元；而首購低總價房屋 1,100 萬元，再加入第二間房屋 1,500 萬元，付出自備款是 520 萬元，每月月付金額是 71,568 元。

當房地產進入買賣階段，我們通常會留意的基本資訊，包含房屋總價、貸款成數、房貸利息，這會影響銀行貸款給我們的額度，以及需要準備的自備款。

銀行評估房屋貸款的依據，通常以購屋者與房屋條件為

圖表2-6：買三間房，比較已還清＆尚未還清第一間貸款

買房方案	首購低總價房屋	還清第一間
第一間	房屋總價1,100萬 貸款成數80% 房貸利息1.31% 貸款期限30年 貸款額度885萬 自備款220萬 月付29,575元	房屋總價1,100萬 貸款成數0% 房貸利息1.31% 貸款期限30年 貸款額度0萬 已還清1,100萬 月付0元
第二間	房屋總價1,500萬 貸款成數80% 房貸利息1.6% 貸款期限30年 貸款額度1,200萬 自備款300萬 月付41,993元	房屋總價1,500萬 貸款成數80% 房貸利息1.6% 貸款期限30年 貸款額度1,200萬 自備款300萬 月付41,993元
第三間	房屋總價1,200萬 貸款成數40% 房貸利息1.7% 貸款期限30年 貸款額度480萬 自備款720萬 月付25,616元	房屋總價1,200萬 貸款成數80% 房貸利息1.6% 貸款期限30年 貸款額度960萬 自備款240萬 月付33,594元

主。購屋者的年紀與財力，房屋的屋齡、地點與屋況等，都會影響貸款條件；多數銀行規定貸款人的年齡限制，通常是在20到65歲區間，超過65歲以上的購屋者，可能會要求只能在名下有房產的情況下做抵押。

　核算貸款的基準為「貸款年限」加「屋齡」不得超過五十年，若屋齡高於三十年，貸款年限較短，核貸成數也僅有五到七成。另外，許多銀行以「貸款者年紀」加上「貸款年限」低於80為標準之一。

美股與臺股及其他投資經驗分享

在投資房地產以外，我也同時進行了美股與臺股及其他的投資，事實上，投資臺股美股與加密貨幣是我加速存到買房自備款的方式，分享如下：

投資美股——我如何從100萬變成85萬

過程中，我也有投資虧損的經驗。在美國宣布升息時，因爲市場資金會回流至銀行，因此投資市場不論是美股或臺股，都會開始進入到盤整期或熊市。

但我當時因爲和朋友吵架，心情不好還是亂買了一波美股，而後半年就面臨股票虧損的窘境。好在這些股票大都是績優公司，短期虧損，不足爲懼。

不過這個故事告訴我們，情緒控管對於投資極其重要。在情緒激動的當下，不論是狂喜或大悲，都不適合做投資決策，有很高的機率在未來變成讓人後悔的決定。

投資臺股——我如何從100萬變成200萬

在牛市時，我選擇購買科技類成長股，到達預期報酬後，獲利了結轉換標的；牛轉熊時，將溢價報酬已超過基本面估價的成長股，轉換爲價格不易漲跌的生活類定存股，以領取股利爲主，還有部分投資標的是在基本面雖長

期看好、但需要時間等待上市的上櫃冷門股。

熊市時，分批低檔建倉，購買基本面佳的績優股，因為這時市場情緒低迷，所以能夠用非常實惠的價格買到不錯的股票。

通常我會觀察趨勢面，找到有興趣的產業研究，再根據該產業的供應鏈做個股篩選。如果有時不知道如何選擇，就優先挑選龍頭股較為穩健，並以基本面的財報資訊作為選股標準。

至於買賣股票的時機點，則根據消息面與籌碼面來判別，觀察市場消息，來找到入場買點，像是併購、市場需求、企業新聞等，以及觀察大戶動向。如果大戶入場就會跟著入場，股價大漲消息一出或大戶出場時，就會開始獲利了結出場。

股價漲，大戶進，因為大戶而創造出來的漲價，未來還會有散戶跟進，股價會有持續的推升力道，因此還可以吃到一點魚尾巴。

股價漲，大戶出，代表是由散戶所創造出來的股價推升，未來不會有下一波的推升力道，因此可能不小心成為最後一隻老鼠。

看出大戶與散戶的差別，可以根據價量比去分析：如果交易筆數低金額高，可能是大戶進場為主，如果是交易量多單價低，可能是以散戶為主。

投資自己與他人開創的事業體

隨著資金持續累積，我也開始嘗試入股許多新創公司，希望能夠支持我有興趣的產業與理念相同的公司持續成長；同時，我自己也開始自創品牌，或是開設公司建立商業模式，提供服務。

這是我目前最喜歡的投資，不只是單純賺取差價，而是透過資金人脈與專業知識的力量，讓想要的事情發生。

在未來，我也期待自己能成為天使資金或創新事業投資家，幫助更多人實現夢想。

投資加密貨幣與NFT

對我而言，區塊鏈產業是未來趨勢，為了早點參與這個市場，我自己在此領域也投入數百萬左右，同時也因為發行NFT，間接創造許多新的工作機會。

與法定貨幣相對的加密貨幣，是透過鏈上公開的智能合約所創造出來的。在判斷適合投資的標的上，我大都以創投的標準來篩選，包含團隊背景，並做相關的盡職調查，關注此貨幣技術發展與未來的應用面。

身為工程師背景出身的投資人，對於新科技領域的發展還是非常期待，技術本質不變，差別在於我們如何應用，而在司法單位進駐之前，區塊鏈領域的確有許多需要小心防範詐騙的地方，因此，我不太建議對投資不熟悉的新手

太早進入這個領域，可以小額買進主流貨幣，感受一下市場氛圍變化即可。對我而言，由於這屬於新領域投資，所以會視爲高風險投資，在我的資產配置比例是最低的。

分享了存到第一桶金後，我開始摸索的各種投資規劃與資產配置，直到今天我也還在持續學習與成長中，透過蒐集資訊、觀察市場、決定策略、投入資源，這就是我們在存到一桶金後，仍然要持續學習精進的事。其他包含了解市場趨勢與政策規範，都能讓我們在創造財富這條路上，走得更游刃有餘也更好玩有趣。

最後，我觀察到許多人學了一堆知識方法都沒有用，甚至帶來更多的資訊焦慮，這並不是我所樂見的，接下來分享這些年來觀察到最常見的財富心態迷思給大家。

第三部
建立你的財富心態

當你真心渴望某樣東西時，整個宇宙都會聯合起來幫助你。

——《牧羊少年奇幻之旅》

　　本書最後一部，我想特別跟大家談談「財富心態」，因為財富狀態就是心靈狀態的呈現，如果沒有調整好自己的心靈狀態，不論我提供多少被動收入、創造財富的方法，你都會被打回原形。如果找到自己的心靈能量，即使沒有方法，你也會想盡辦法實現，也才能真正留下賺取的金錢，提升財富格局。

　　人的心靈，天生就像一塊磁鐵，不論想要的是什麼，宇宙都會給你，你能夠自然吸引到所有想要的資源。然而，我們經常在這塊磁鐵外放了許多絕緣體，讓世界感受不到它的磁力。那些絕緣體，可能是恐懼害怕、猶豫不決、自我設限，因此沒辦法為你吸引到真正想要的人事物。

常常有人問我，百萬年收與破億資產，到底有何差距？我相信這已經不再是知識與努力的問題了。我們每個人每天的時間都一樣，只有一天 24 小時。在年收與存款低於百萬之前，可能需要彌補跟上的是專業能力與投資理財知識，仍在此階段掙扎的朋友，可以多多參考我的前作《小資族下班後翻倍賺》，學習相關基礎。然而，當收入開始遇到瓶頸，無法突破破億資產，那就是思維格局與心靈狀態的差距。

因此，接下來我們會探討有哪些常見的財富絕緣體，探討更多心靈狀態的轉換，幫助你在打造多元被動收入與財富自由的路上，更能隨心所欲。

我怎麼都賺不到錢？

　　有些人會覺得賺錢是很困難費力的事，付出與獲得常常不成比例，甚至開始懷疑自己的能力，很可能是你打從一開始就給自己錯誤的身分認同。

　　心理學上有「自我實現的預言」，指的是某人「預測」或期待某事的社會心理現象，而這種「預測」或期望之所以成眞，只是因爲我們相信或預期它會發生，由此產生的行爲與實現該信念一致，因此自己的信念便影響了行爲。

　　大學期間，我兼職打工去當國中數學家教老師，其中一個家教學生來找我時，數學只有 7 分，從來沒有考超過 30 分。我還記得面試時，他爸爸帶著數學考卷跟我說：「我兒子沒有數學天分，這樣是不是沒救了？」我還記得那個男孩從頭到尾都低著頭，也對自己說：「我沒有數學天分。」

　　後來在教學過程中，我發現他的理解力毫無問題，單純只是小學幾個重要的數學觀念沒學好，並自我認定是沒有

數學天分的人。

為了教好學生，我做的第一件事情是私下去跟他父母溝通：「你們可以先答應我一件事情嗎？**從今天開始，再也不要對他說沒有數學天分這種話，這樣我才能教好他。**」

然後我告訴學生，自己高中時也曾考過物理0分，但是大學指考時考了88分，他的7分比我當初的0分還要高。學習跟天分無關，只是有沒有找到正確或適合自己的學習方法。改變了他的自我信念後，這個孩子在短短兩個月左右，數學成績就突飛猛進到80分以上，他也從此愛上數學。

在我當財務顧問的過程中，同樣也遇到很多人，認為自己沒有投資理財的天分，覺得獲取財富在人生當中是一件很困難的事。這樣的想法跟那個孩子相信自己沒有數學天分一樣，大部分時候是因為自我認同，一旦調整後，財富自然會翻倍成長，事半功倍。**知識與方法只是輔助我們內在的信念，去實現對自己的預言。**

自我認同決定了我們的行為，而日復一日的行為會成為我們的習慣，習慣造就了我們成為什麼樣的人。如果我們開始不滿意現況時，可以靜下來想想，自己想要的是什麼，並且自我覺察，盤點想要的與哪些言行習慣相違背，藉此做調整。因為你所得到的就是平常努力的結果，即使結果並不是你所想要的。

　　我自己很喜歡「BE—DO—HAVE」的觀念。很多人會以為我應該要「擁有」（HAVE）什麼才能「做」（DO）什麼、「成為」（BE）什麼樣的人。例如，我要有錢，才能創業，才能成為好的企業家。可是，事實上很多知名企業家在草創初期都沒有什麼錢，他們先決定了自己是企業家（BE）以及想打造的事業格局，然後做出企業家該做的事（DO），後來才因此吸引到資金投入或者賺取了財富（HAVE）。

　　自我認同非常重要，取決於你怎麼看待自己，可以應用在生活各種方面，例如：我要戒菸，不如說我是不抽菸的人；我不想遲到，不如說我是準時的人；我想減肥，不如說我習慣健康的飲食生活方式。

　　因此，當你想著「我怎麼都賺不到錢」的時候，自我認同也會在無意識之下改變你的行為與生活。你可以試著改成：**「我是擅長管理金錢的人。」「我是喜歡賺錢的人。」「我覺得賺錢很簡單。」「我是投資運氣不錯的人。」**或者，像《有錢人想的和你不一樣》這本書所說：「我在金錢遊戲裡就是要贏。」練習找出有共鳴的字句，加入你的財富心態設定當中。

　　剛開始你可能會不適應，但不停地透過行為來強化，就會成為習慣，而習慣就會成自然，自然則會成為事實。所以練習透過許多微小的事件，來證明自己的說法，例如：

你想改變遲到的習慣，所以每次赴約時，都要告訴自己我是準時的人。做到的時候就跟自己說：「我果然是準時的人！」如果沒做到時就說：「我是準時的人，怎麼會遲到呢？」日積月累下來，這就會成為真正的自我認同。

當你賺到一塊錢的時候，不論是多是少，都可以告訴自己「我覺得賺錢很簡單」，或者當你分配或儲蓄收入時，也可以告訴自己「我是擅長管理金錢的人」。在每一次的投資，不論結果如何，都先告訴自己「我是投資運氣很不錯的人」。

日積月累下來，才能夠也為自己累積無法被外在現實撼動的自我認同，因為市場總是會有起伏，而我們的自我信念不輕易受市場影響，才能夠持續跨越牛市熊市，做出正確的投資與金錢決策。

迷思2

賺大錢一定要很辛苦？

　　另一種常見的迷思，就是賺錢一定要很辛苦。一旦你將
「賺錢」與「辛苦」連結在一起之後，賺錢就會變成我們
不喜歡的東西，也就更難讓我們渴望擁有賺錢的能力。

　　如果賺到的錢越多，就會越辛苦，那麼最辛苦的人應該
是曾經當過世界首富的幾位企業家，包含微軟的比爾・蓋
茲、亞馬遜的貝佐斯與波克夏的華倫・巴菲特才對。可是
事實並非如此，大部分真正的有錢人，不僅擁有財富，還
擁有時間。

　　我也曾經陷入這樣的迷思，所以非常排斥變得更有錢，
收入停留在數百萬好幾年，因為我內心深處認為，更多的
財富會失去更多的自由。直到我重新調整了目標，設定在
年收上億元，也開始認識許多年收數十億元的企業家，在
交流的過程中打破這樣的迷思，也在思維改變後，讓收入
自然提升到另一個層級。

　　財富的差距就是思維的差距，改變思維就能為我們吸引

所需的資源。

我曾經在網路上閱讀過一篇印象深刻的文章，文中提到，**對創業家來說，打造年收百萬的生意比較辛苦，還是年收上億的生意比較辛苦？**

假設要開一家年收百萬的早餐店，我們一樣要每天起早貪黑備料，然後每天送往迎來地招呼客人。如果是年收上億的連鎖早餐店呢？則是建立好一家早餐店的標準化流程，然後轉變成加盟或連鎖體系，讓早餐店的模式可以持續拓展下去。

哪種創業比較需要全心全意付出呢？答案是一樣都要全心投入。創業都有其辛苦之處，甚至前者可能更加辛苦。**既然辛苦程度相同，為什麼我們要選擇一個只能勉強存活的格局作為財富目標呢？**

那麼，到底賺錢辛苦與否的決定因素，由何決定？在這本書，我們曾一再提到與被動收入有關的知識與方法，關鍵在於是否持續選擇「可累積」與「可複製」的事情來做。如果我們選擇賺錢的方式屬於消耗型，消耗既有的時間與青春，即使時薪再高，隨著年華老去，可能就會失去競爭力；相反的，如果我們選擇的賺錢方式，可以隨著時間累積而達到複利效果，那麼時間一拉長，即使投入的辛苦程度相同，財富也會因此翻倍成長。

迷思 **3**

我不是故意仇富，
是別人太過炫富？

　　我曾經分享過，在窮人思維中最可怕的一項，就是仇
富；當我們開始討厭有錢人，就註定無法成爲有錢人，因
爲沒有人想成爲自己討厭的人。

　　在財富狀態不佳的時候，我們難免覺得一些有錢人的生
活型態與說話方式，讓人反感。然而，或許你可以試著去
體驗不舒服的感受，並且透過探究的方式，來理解自己的
內心，理解這樣的憤怒來自於什麼原因。

　　人生最可悲的事情並不是憤世嫉俗與悲傷痛苦，而是對
萬事萬物毫無感受，因爲唯有感受，才能更加自我覺察與
認識自己，並且藉此找到人生的動力。

　　當我們爲了別人的財富感到憤怒時，也許是因爲對方的
財富來自於剝奪善良的人，由此我們可以得知，善良是我
們很在乎的價值觀；也許是因爲對方奢侈浪費，由此我們

可以得知，珍惜資源是我們很在乎的一件事；也許是因為對方狂妄自大，由此我們可以得知，謙虛有禮是我們想尊敬一個人的態度。

可是，也許我們單純只是因為對方有錢，就討厭他們。那麼，或許**我們要認清的事實是：為什麼會討厭有錢人**？因為覺得自己做不到，感覺被剝奪？還是因為無法面對自己的現況，想否認事實？抑或是單純嫉妒，覺得自己比不上別人？又或者是跟這群有錢朋友相處起來有壓力、不自在，自然而然就不想往來？甚至是因為沒有共同的生活經驗，無法產生共通的話題，而感覺自己格格不入，覺得距離遙遠，是不同世界的人？

這很正常，即使到了現在，我也仍舊會這樣。不論往前走了多遠，我們都是普通人，也會有相似的情緒，有時候，我甚至會害怕自己進步得太慢，害怕自己跟不上朋友的腳步，因此漸行漸遠被丟下，感到孤單。就像一群人去跑馬拉松，一開始身邊有些速度接近的朋友，跑著跑著，自己的體力逐漸落後，看著其他人越跑越遠，深感無力。

還記得單車環島時，我經歷過同樣的感受，於是越來越心急地想要跟上車隊，亂了自己的節奏，變得氣喘吁吁，甚至一度懷疑人生，問自己為何要這樣折磨自己。

直到教練提醒我：「不要心急，這趟旅程不是百米衝刺，而是要騎滿上千公里。」突然之間我意識到，如果維

持同樣的匱乏心態，註定無法完成旅程。看著旁邊每個往前騎行的夥伴，才發現**這其實是我一個人的旅程，沒有任何一個人可以代替我前進。**當我累了，當我渴了，當我需要停下來喘口氣，都沒有人可以代替我做決定，只有我最了解自己的身體當下需要什麼樣的選擇。

於是，我開始調整呼吸節奏，用自己最舒服的速度前進，累了就停下來，渴了就喝水，力氣不夠就減緩速度，體力充足就保持速率，根據每天預計完成的一百多公里，分配體力，有時騎得比別人慢一點，有時快一些，不知不覺輕輕鬆鬆騎到了車隊最前頭。

我得承認，有時候遇到優秀的人，會讓我們覺得自己不夠好，但是，如果我們可以理解，**每個人其實都活在自己的時區當中，**有的人結婚生子的早，有的人功成名就的早，有的人財富自由的早，有的人身體健康壓力少。**每個人都有各自的快樂幸福，也有各自的挫敗痛苦，我們有時會遇見一些旅伴，生命這趟旅程卻始終獨行，必須為自己全權負責。**其他人擁有的財富，就像他們騎車時擁有的速度一樣，對我們來說，不過就是來來去去的風景，而我們能掌控的一向就只有自己的旅程而已。

遇到一堆比我有錢的人，心理不平衡怎麼辦？

有人常問我：「**遇到一堆比我有錢的人，心理不平衡怎麼辦？**」

有些人遇到比自己有錢的人會覺得有壓力或不平衡，就開始不自覺的疏遠與逃避交流，其實這是很正常的。每個人多多少少都曾經歷過，但是如果能夠把握機會交流，或許就能打破思維框架，讓自己越來越接近富人思維。

哲學家叔本華說過：「**世界最大的監獄，就是人的思維。**」

窮人與富人最大的差異不是能力，而是財富思維與情緒穩定性。如果你選擇性地交友，安於現狀，只敢跟比自己貧窮的人往來，而不想與富有的人交流，久了能量會被拉低，也很容易讓自己活在原本的貧窮舒適圈。

有時我們會遇到一種情況，和某些親朋好友曾經在同一個高度，後來差距越來越大，直到變成兩個世界。在這樣的相處過程中，感覺自己的無力感與落差感，變得越來越有壓力與不自在，久了就開始疏遠這些朋友們。

所以，生活圈開始出現越來越多有錢人，其實也許是來自於吸引力法則。我們自己曾經許下願望，希望可以改變財富現況，而這個願望可能吸引到新的人事物，並帶領我

們前往新的環境。

你聽過金錢溫度計嗎？當我們跳到新的水池裡，就像突然下水游泳一樣，開始一定會感到不舒服或有壓力，不過在水裡泡了半小時後，可能會用自己的方式去適應新溫度，像是開始游泳或動起來，體溫習慣了以後，就會開始覺得正常，也就自然而然成為其中的一分子。當我們被丟進一個新的圈子裡時，只要選擇面對不逃避，就可以慢慢適應水溫，學會新的游泳技巧，就像學到新的財富思維。

偶爾會遇到有人在水中吐痰，汙染水質，讓我們討厭泳池水，一分一秒都不想待下去。這就像我們在追求財富的過程，看見某些人違背道德良心賺取財富，我們不屑與他們為伍，甚至想要立刻離開泳池，停止游泳。

然而，游泳本身並沒有錯，泳池本身也沒有問題，有問題的是那個不尊重他人的人。我們可以選擇換個泳池，持續練習游泳，達成目標，也有機會遇到其他更值得尊重的人。如果覺得適應水溫或換個泳池麻煩又困難，這代表其實你還不想要改變現狀，也還不是真的想學會游泳。

迷思 4

想打進某些圈子，
但是格格不入該怎麼辦？

當我們想提升自我時，交友圈的調整是最顯而易見的方式，但有時想打進新圈子，害怕別人覺得自己裝熟或格格不入時，該怎麼辦？一般人最直接的反應，可能是放棄，然後摸摸鼻子走開，但也可以參考以下做法。

我也是偏文靜內向的人，不太喜歡主動社交，所以對我而言，認識的朋友引薦是非常有安全感的方式。在進入新團體時，與其想著自己該怎麼融入，不如想著如何真心與他人交流，並且先提供自己的價值。

真心交流這件事，許多人覺得很抽象，其實就是單純分享自己最真實的感受與想法。自己做得好的地方，不必隱藏，也不吝惜分享；不會的地方，就坦然說我不會，沒有的就說沒有，不擅長的就說不擅長。當別人分享他們所擁有的知識，縱使你內心產生匱乏感，覺得羨慕別人，也

可以不避諱地說出自己的羨慕。即使擁有各自領域上的成就，我們偶爾還是會羨慕別人擁有自己沒有的東西。

與其勉強自己假裝，不如真實地分享感受，這會讓與你相同的人產生共鳴，知道自己並不孤單。同時也讓對方能夠理解，我們謝謝他們的分享，但是無法真正地體會，因為沒有共同的經驗。如果對方是熱心的人，可能會主動想要提供幫助，或是貼心地轉換話題，不會在我們無法參與的話題上打轉，而我們也可以試著找到與自己有關的話題，加入生活經驗，一同分享。然而，嘗試了以後，還是無法融入怎麼辦？那就放棄吧！找到其他的團體，總會有更適合自己出現的所在。

如果一直都無法突破交友圈，與其忙著社交，不如多檢視自己的實力是否需要提升。畢竟即使是交友，也需要「門當戶對」；這裡指的門當戶對並不是單純指物質條件，更多的是能力、思想、頻率、格局與觀念，彼此才能對等交流與互相包容。

在社交圈要特別注意，別只是忙著回應別人的需求，落入討好的陷阱。在一段平衡的關係裡，彼此的需求都很重要。只有表現真實的感受與想法，表裡如一地做自己，才能夠散發真正的魅力，反過來吸引別人靠近我們。

我承認，討人喜歡的表裡如一很難做到，我也常常在堅持做自己的過程中被討厭，在迎合現實與符合內心的期待

中拉扯。

　　如果你一開始還不敢表露自己的真心，那就先從傾聽開始，感受環境氛圍與講話頻率，從新的圈子裡找到自己欣賞與頻率相當的人，跟這些人多接近一些。不要祈求所有人都喜歡我們，也不必期待每次都要認識很多新朋友，遇到一至兩位契合的新朋友就夠了，我也一直都是這樣做。

花錢真的買得到幸福嗎？

　　花錢真的買得到幸福嗎？我曾經有過這樣的疑問，甚至覺得有錢反而會讓人不幸。因為有些人太過執著追求金錢，反而忽略關心與陪伴，讓彼此的關係漸行漸遠。在大多數情況下，我們每個人的幸福感來源，來自於美好的人際關係，包含親情、友情、愛情，而不是金錢。

　　小時候，我的父母經常為金錢吵架，所以我內心深處覺得金錢是萬惡之源，花了很長時間，才修正自己的錯誤信念，改變窮人思維，也才能在財富上得以翻身。

　　小學時，我爸爸經常為了金錢忙於工作，在我們醒來時他已經出門，在我們睡去時才回家。我還記得有次弟弟對我說，他覺得爸爸不是真的愛他，因為他需要的是爸爸的關心陪伴，而不是用零用錢敷衍。弟弟甚至經常惹是生非，讓老師叫家長來學校，引起爸爸的關心。

　　然而，我很清楚，爸爸經歷過貧窮的童年，從小就要出門賺錢養家，甚至沒有完成高中學業。所以對他的人生來

說，金錢是很珍貴的資源，能夠讀書升學是很棒的禮物，而這是他能給家人最直接的愛。

現在問我，花錢能買到幸福嗎？我想多數時候是可以的，只要認清金錢只是工具，能讓我們擁有想要的生活，提供更高品質的生活條件，但是金錢仍舊不足以完全取代關心與陪伴。

因為花錢可以買來更多的時間，想要做什麼，就可以馬上去做，想去旅行就去旅行，想吃美食就去享受美食，甚至當我們想給別人幸福，像是想看到他人的微笑，可以買個禮物，不必汲汲營利追求金錢，而能付出時間陪伴。在家人生病或發生意外時，可以立刻拿出一筆錢來支付，並且陪在家人身邊。當我們想追求自我實現時，不論是打造作品、出國探險、創業圓夢，都不必擔心生存壓力，這就是金錢這個工具能為我們帶來幸福的方式。

然而，我並不希望你們認為金錢等於幸福，也不希望你們認為要等到有錢才能讓自己或給別人幸福。幸福快樂是出於愛的能力，金錢與時間能讓我們的愛變得更具象化，感恩能讓生活變得更滿足。一旦明白這樣的差別，幸福快樂才不會受金錢的富足與否左右，才能真正體會到不以物喜、不以己悲的智慧。

所有的幸福都是一點一滴的快樂累積而成，買個禮物、拍個全家福、吃個家常菜、創造旅行的回憶，讓我們保護

家人與照顧家人。唯有學會用金錢買到生活這些微小的幸福，我們才能體會金錢的好，也才能發自內心找到賺錢的動力。

迷思 6

可是我又沒有錢，
怎麼可能得到幸福？

「我沒有錢，講這些都是多餘的。」

有的人會這麼想著，在我們突然意識到想追求的人事物很遙遠，內心就會不由自主產生巨大的匱乏感，覺得自己不夠好，或是不夠有錢，不配擁有想要的東西。

我們來聊聊「**限制性信念**」與「**開放型思維**」吧！前者會讓我們以有限的現實狀況與過去經驗，來判定自己是否能實現心中想要的結果；而後者會讓我們相信，一定可以心想事成，只要足夠確信，身邊的資源就會自然地向我們靠攏。

有時候，在當下沒有錢去做自己想做的事情時，有人選擇的心態是被動拖延，但也許可以換個想法：我們只是暫時還沒準備好，所以主動延後，讓它在最好的時機發生。

我們可以選擇被動等待，被無力感侵蝕，認為再怎麼努

215

力都沒用，騙自己順其自然，隨波逐流，放棄不管，不去做更多的嘗試。但是，可以換個態度面對相同的情況：這次因為來不及準備好金錢而放棄的機會，下一次要怎麼做才不會再次錯過？**與其想著困難有多大，不如想著有多少方法可以實現目標。**

還記得我高中時，因為軍訓課分組報告負責研究德國，我設定了一個小夢想是去德國旅行，想親眼探訪這個國家。但是，我的原生家庭並沒有太多經濟能力可以支持我出國，因此，我開始想以後要怎麼讓自己實現這個夢想？要怎麼樣才能去德國？怎麼樣可以找到這筆錢？我以後一定要去。

接著，我開始探索各種方法，在大學時，因緣際會得知由教育部補助前往奧地利參訪一個月的機會。當時我靠家教打工存了一筆旅費，申請學校的參訪計畫，但後來因為害怕父母擔心，一念之差放棄了眼前的機會。事後聽見同儕分享時非常後悔，之後便告訴自己，未來每次面對渴望但是恐懼的機會時，先一鼓作氣做決定再說，別再錯過了。

後來選擇報考研究所時，其實臺、清、交、成都在我的選項之中。說來好笑，我後來選擇報考臺大的主要原因，就是因為臺大國際事務處有德國遊學團。當時，我單純只是想盡辦法獲得去德國體驗當地生活的機會，並且開始學

習德文，因為唯有善用學校資源，才能用較少的金錢得到最多的體驗。

不論是什麼目標，一旦我起心動念，即使現實狀況不允許，也會試著問自己這幾個問題，讓自己更靠近夢想。

第一，先找方法。找出最擅長的事情，跟夢想產生連結。如果遇到曾經做到的人，就去問問對方是怎麼辦到的。

第二，找到錢。思考一下有什麼方式可以籌到錢或調度資金，甚至有沒有不必花錢就能達成的方式，反過來還能夠賺錢？

第三，決定時間點。如果我真的很想去或很想達成，那麼之後什麼時候可以去？何時可以達成？即使現在不行，也先讓自己有個未來的時間點。

如果擁有足夠的渴望，無論如何都想達成，在實踐的過程中就會進入某種心靈狀態。處於這個狀態的你，不會去思考有什麼事情做不到，而只想著竭盡所能去解決問題，直到做到為止。

然而，即使有過成功經驗，也有困難與挫敗等著我們。當失敗的經驗被放大，打擊了自信，就可能會讓人脫離這樣無所畏懼、義無反顧的心靈狀態，而變得畏畏縮縮、猶豫不決。就像我曾經看過的一則故事：大象總是被小小的鐵栓給拴住，即使那根本綁不住牠，那是因為大象從還是

小象時，就被拴住了，嘗試了多次始終無法逃脫；後來牠長大了，變成了大象，即使力氣已經大到那個鐵栓根本綁不住，但牠還是會認為自己無法逃脫，無能為力。

當我們察覺到自己需要改變，可以先從內心的自我認同開始調整，透過小小的習慣改變，建立許多小小的事實，慢慢證明自己可以做到，一步步讓自己恢復自信，直到我們有力量扛起更大的目標。

不論你現在有沒有錢，或是曾經有沒有錢、經歷過多少次財富歸零，都可以重新站起來，賺取財富換得幸福。

結 語

愛情與麵包，該如何選擇？
家庭美滿與事業成功，
只能二擇一？

　　大多數的人聽到以上的經典提問，只會想著我要選擇哪一個？有錢人會想，我要怎麼樣可以兩個都要？理財這件事本身，就是在探討資源分配的遊戲，思考如何分配時間與金錢。

　　人生的確充滿了選擇，但並非總是極端的選項。例如，有的人覺得麵包比愛情重要，因為對他而言，生活保障的安全感勝於其他；有的人覺得愛情比麵包重要，因為對他而言，賺取財富並不困難，真誠的感情更加可貴；有的人覺得何必糾結，選擇愛情，然後一起努力去得到麵包。找到一個適合彼此的人，再一起打造未來，從來就不是二選一。

對我們的人生而言，幸福來自於美好的人際關係，金錢只是滋養幸福的工具，而不是用來犧牲關係的代價。有的人會為了得到事業成功，逼不得以需要犧牲陪伴家人的時間；有的人認為只有放棄事業發展，才能得到美滿幸福的家庭。但是，**世界上是不是有人同時擁有成功的事業與幸福的家庭呢？如果這樣的人存在，是不是就代表你也可以？**

一生當中，人主要管理的資源就是時間與金錢，這是我們此生最重要的功課。透過這本書討論的多元被動收入方式與財富心態，希望可以幫助你更進一步思考並逐步做到：如何透過這項人生管理功課，實現你想要的理想生活，得以跟自己喜歡的人，在自己喜歡的地方，做自己喜歡的事。

祝福每位看到這裡的人，都能身體健康、幸福快樂、財富豐盛。

Eurasian Publishing Group 圓神出版事業機構

方智出版社
Fine Press

www.booklife.com.tw

reader@mail.eurasian.com.tw

生涯智庫 208

打造被動收入最重要的事：蕾咪帶你用錢賺錢，翻身致富

作　　者／蕾咪（Rami）

文字協力／ECHO 李昶俊

人物攝影／野薑攝影工作室・黃國華

發 行 人／簡志忠

出 版 者／方智出版社股份有限公司

地　　址／臺北市南京東路四段50號6樓之1

電　　話／（02）2579-6600・2579-8800・2570-3939

傳　　真／（02）2579-0338・2577-3220・2570-3636

副 社 長／陳秋月

副總編輯／賴良珠

主　　編／黃淑雲

專案企畫／尉遲佩文

責任編輯／陳孟君

校　　對／胡靜佳・陳孟君

美術編輯／金益健

行銷企畫／陳禹伶・黃惟儂

印務統籌／劉鳳剛・高榮祥

監　　印／高榮祥

排　　版／杜易蓉

經 銷 商／叩應股份有限公司

郵撥帳號／18707239

法律顧問／圓神出版事業機構法律顧問　蕭雄淋律師

印　　刷／祥峰印刷廠

2022年12月　初版

定價360元　　　　ISBN 978-986-175-715-5

每個人一生追求的，從來就不是金錢，而是財富，以及擁有財富所帶來的「幸福感」。

—— 《小資族下班後翻倍賺》

◆ **很喜歡這本書，很想要分享**

　　圓神書活網線上提供團購優惠，
　　或洽讀者服務部 02-2579-6600。

◆ **美好生活的提案家，期待為您服務**

　　圓神書活網 www.Booklife.com.tw
　　非會員歡迎體驗優惠，會員獨享累計福利！

國家圖書館出版品預行編目資料

打造被動收入最重要的事：蕾咪帶你用錢賺錢，
翻身致富／蕾咪（Rami）作 . -- 初版 . -- 臺北市：
方智出版社股份有限公司，2022.12
224面；14.8×20.8公分 --（生涯智庫；208）

ISBN 978-986-175-715-5（平裝）

1.CST：理財　2.CST：投資

563　　　　　　　　　　　　　111017178